William Shakespeare

Sonetti

tradotti in siciliano da Prospero Trigona

ZeroBook
2021

Titolo originario: *Sonetti* / di William Skakespeare ; tradotti in siciliano da Prospero Trigona

Questo libro è stato edito da **ZeroBook**: www.zerobook.it.
Prima edizione: Dicembre 2021
ISBN 978-88-6711-204-3

Tutti i diritti riservati in tutti i Paesi. Questo libro è pubblicato senza scopi di lucro ed esce sotto Creative Commons Licenses. Si fa divieto di riproduzione per fini commerciali. Il testo può essere citato o sviluppato purché sia mantenuto il tipo di licenza, e sia avvertito l'editore o l'autore.
Controllo qualità **ZeroBook**: se trovi un errore, segnalacelo!
Email: zerobook@girodivite.it

Indice generale

Premessa..7
    1-17. The Fair Youth...13
    18-126. The Fair Youth...33
    127-154. The Dark Lady...145
Nota di edizione..**175**
    Questo libro..175
    L'autore..175
    Le edizioni ZeroBook...176

Premessa

Se per dialetto si intende una parlata diversa dalla lingua nazionale ma ad essa vicina, allora il siciliano è un dialetto. Ma questa è una convenzione, cioè una forzatura: milioni di persone si esprimono in siciliano in Sicilia e all'estero e, malgrado la distanza delle loro residenze d'origine da un capo all'altro dell'isola, riescono a capirsi tra di loro, anche se le varie aree geografico-linguistiche conservano peculiarità proprie all'interno di un mare magnum di variazioni espressive riguardanti sia l'intonation sia la ricchezza semantica. Nel passato lontano e recente nessuna area geografica è riuscita a imporre la propria variante linguistica sulle altre come nessun poeta o scrittore si è impegnato in un ambizioso sforzo linguistico unificante; né hanno prevalso altri strumenti artistici di diversa natura. Il risultato è stato l'esistenza di prodotti linguistici anche di notevole dignità espressiva e assoluto valore estetico nei quali si è manifestata la passione e, talvolta, la genialità creativa di un popolo attraverso la comunicazione quotidiana (spesso esilarante, sofisticata, carica di valenze ambigue, di espressioni icastiche, ma fondamentalmente tragica), o la produzione poetica (lirica, epica, comica, etc.) e teatrale (soprattutto farse).

Se per convenzione accettiamo di parlare del siciliano come di un dialetto, dobbiamo dire che, nei secoli, la presenza di invasori provenienti da ogni parte d'Europa e dal mondo arabo ha esercitato una tale pressione linguistica da tradursi in un arricchimento (talvolta rifondazione) delle parlate locali e da generare una tale sterminata quantità di varianti dialettali da rendere re-

lativa qualsiasi generalizzazione o tentativo di inquadramento strutturale. Procederemo, dunque, a qualche chiarimento linguistico solo per sommi capi e molto brevemente, suggerendo ai lettori interessati che possano attingere notizie e conoscenze dettagliate e approfondite dagli studi dei linguisti.

Abbiamo tradotto i sonetti di W. Shakespeare con alternanza in due varianti linguistiche, quella dell'area orientale dell'isola e quella dell'area centrale, che indicheremo come a. l. 1 (area linguistica 1) e a. l. 2 (area linguistica 2). Detto molto brevemente, le due aree si distinguono, oltre che per presenza o assenza di vocaboli nell'una o nell'altra:

a) per una relativa ortoepìa: da cui derivano caratteristiche foniche di pronunzia dei singoli vocaboli e di intonation *delle frasi;*

b) per l'assenza dei dittonghi mobili **ie** *e* **uo** *nell'area orientale (a. l. 1) ma presenti, invece, in quella centrale (a. l. 2);*

c) per un uso parsimonioso del tempo futuro nella a. l. 2;

d) per l'uso, nel periodo ipotetico di tempo passato e trapassato, del doppio condizionale nella a. l. 1 (es., rispettivamente, si ci saria ... jò faria, e si ci aviria statu ... jò aviria fattu), ma del doppio congiuntivo nella a. l. 2 (es., rispettivamente, si ci fussi... ju facissi e si ci avissi statu ... ju avissi fattu);

e) per un raddoppiamento consonantico a volte presente nell'una area linguistica (es., sunnu) ma assente nell'altra (sunu) e viceversa.

f) per una tendenza, nella a. l. 1, a rendere singola la erre doppia (es., tera per terra) e a sopprimere la erre singola davanti a una consonante che, però, viene raddoppiata (es., fotti per forti e dommi per dormi).

Etc. etc. Ma, abbiamo detto di voler procedere brevemente; perciò qui ci fermiamo, dopo aver precisato che non abbiamo tenuto conto delle varietà dialettali gallo-lombarde presenti nelle due aree.

Però, non possiamo non concludere con una nota personale. In tempi in cui sentire conversazioni in dialetto è piuttosto raro, in cui si sente gente di ogni età iniziare una conversazione in dialetto ma (ormai per incapacità linguistica e per abitudine oltre che per oggettiva carenza di vocaboli che esprimano concetti moderni) terminarla in italiano e viceversa, in cui i genitori di ogni parte d'Italia ai propri figli parlano e insegnano a parlare in italiano, sappiamo che tradurre qualsiasi testo letterario in un dialetto è esercizio quasi inutile e di pura vanità intellettuale; è un'operazione che in se stessa ha l'unico referente ed esaurisce la sua funzione. Perciò si è trattato di una sfida piacevole e arricchente che il traduttore ha ingaggiato con se stesso: figure retoriche, concetti, metro, rime, sono le regole, interne alla sfida, che si è cercato di rispettare. Quasi sempre.

Il quasi è d'obbligo perché, al di là dei limiti propri della capacità del traduttore, non può esserci mai corrispondenza totale tra due lingue a) sia riguardo al contenuto, in quanto i vocaboli sono carichi di valori culturali diversi nelle due lingue che li incarnano, b) sia riguardo al ritmo, nel caso decasillabo inglese ed endecasillabo siciliano o italiano, in quanto il ritmo è condizionato dalla musicalità propria delle due lingue, l'una tendenzialmente nonosillabica e l'altra tendenzialmente polisillabica, c) sia riguardo alla rima, in quanto di solito nel decasillabo inglese la battuta sulla decima sillaba chiude il verso (nelle rime maschili), mentre nell'endecasillabo nostrano il verso si distende nella sillaba in più.

Valga l'esempio di due decasillabi imbracati in un ritmo martellante. L'ultimo verso del sonetto 73: to love that well which thou must leave ere long, *oppure il primo verso del sonetto 84:* who is that says most which can say more. *Se si leggesse un endecasillabo nostrano con lo stesso ritmo si sfiorerebbe la caricatura. Più sciolto è il ritmo se il verso inglese presenta polisillabi o undici battute (nelle rime femminili), come il sonetto 87.*

Inoltre, abbiamo voluto rispettare in traduzione gli originali thou *e* you *(tu e voi) presenti nei 126 sonetti della sequenza del* fair youth: *non sappiamo che cosa il poeta volesse esprimere, e possiamo ipotizzare qualunque intenzione e sentimento, tanto non si viene a capo di niente.*

Per il testo si sono tenute presenti le pregevoli edizioni di un originale imperfetto approntate da studiosi inglesi (qualche rara volta si ha una lezione diversa di un termine: per es. nel sonetto 51, verso 10). Nella resa in siciliano non sempre è stata rispettata la punteggiatura originale perché, si sa, ogni lingua ha un proprio sistema di pause e di punteggiatura.

Riandando a tempi in cui i dialetti erano lingue quotidiane e risorse per la lingua nazionale, abbiamo tradotto l'intero corpus *del canzoniere shakespeariano durante tre periodi di otia estivi, anche se, come si vede dalle date, in stagioni diverse; periodi che coincidono con le tre sequenze del* corpus. *Soltanto i sonetti 55, 127 e 147 portano altre date: sono tre scampoli otiosi di lontane stagioni.*

28 Settembre 2020   P. T.

Non vogliate negar l'esperïenza.
Dante, *Inf.*, xxvi, 126.

1-17. The Fair Youth

U Beddu Giùvini

(*Si maritassi*)

1

From fairest creatures we desire increase,
That thereby beauty's rose might never die,
But as the riper should by time decease,
His tender heir might bear his memory;
  But thou, contracted to thine own bright eyes,
Feed'st thy light's flame with self-substantial fuel,
Making a famine where abundance lies,
Thyself thy foe, to thy sweet self too cruel.
  Thou that art now the world's fresh ornament
And only herald to the gaudy spring,
Within thine own bud buriest thy content
And, tender churl, mak'st waste in niggarding.
    Pity the world, or else this glutton be,
    To eat the world's due, by the grave and thee.

1 (a. l. 1)

  Crìscita da i cchiù beddi, ppi nui, veni:
biddizza 'i rosa, allura, 'un mori mai,
tènnira eredi 'a sò' mimoria teni
quann'è matura e cumìnciunu i guai;
  ma tu, attaccatu a ss'occhi tòi sbrinnenti,
fai crìsciri ccu focu tòi ssa fiamma,
simini fami unni 'a bunnanzia senti,
nimicu a tia, ducizza cchi s'addanna.
  Ora cchi si' do munnu cruna frisca
e di la Stati tu potti 'a bannera,
intra u tò' bocciu u mali tòi s'ignisca:
tènniru avaru, spanni avarizia vera.
    Pietà do munnu, o mangiuni a tutti pari,
    tomba cchi agghiutti quantu o' munnu à' dari.

(4 austu 2017)

2

When forty winters shall besiege thy brow
And dig deep trenches in thy beauty's field,
Thy youth's proud livery, so gazed on now,
Will be a tatter'd weed, of small worth held:
  Then being ask'd where all thy beauty lies,
Where all the treasure of thy lusty days,
To say within thine own deep-sunken eyes
Were an all-eating shame and thriftless praise.
  How much more praise deserv'd thy beauty's use
If thou couldst answer 'This fair child of mine
Shall sum my count and make my old excuse,'
Proving his beauty by succession thine.
  This were to be new made when thou art old,
  And see thy blood warm when thou feel'st it cold.

2 (a. l. 2)

Quannu quaranta Mmierni ànu accirchiatu
ssa bedda frunti ccu trincei scavata,
ssu pannu di divisa ora ammiratu
sarà na pezza vecchia arripizzata.
  E a cu t'addumannassi unn'è 'a biddizza,
unni u trisuoru de tò vivi jorna,
diri «'nt 'uocchi 'nfussati nn'àiu na stizza»
fussi un vantu persu e gran vriogna.
  Quant'è cchiù bellu 'a tò biddizza usari
e a tutti diri «'a vicchiània mia
stu bieddu fighhiu è prontu a riscattari:
'a sò biddizza è succissioni mia!».
  Viecchiu, ti sienti sanu cuomu ariddu
  e vidi sangu caudu si ll'ài friddu.

(5 austu 2017)

3

Look in thy glass and tell the face thou viewest
Now is the time that face should form another,
Whose fresh repair if now thou not renewest
Thou dost beguile the world, unbless some mother.
　For where is she so fair whose unear'd womb
Disdains the tillage of thy husbandry?
Or who is he so fond will be the tomb
Of his self-love to stop posterity?
　Thou art thy mother's glass, and she in thee
Calls back the lovely April of her prime;
So thou through windows of thine age shalt see,
Despite of wrinkles, this thy golden time.
　But if thou live remembered not to be,
　Die single, and thine image dies with thee

3 (a. l. 1)

　Vàdditi o' specchiu e a dda facci cchi vidi
dicci «ora è u tempu di fummanni àutri»,
picchì, si arrinnuvalla nun t''a fidi,
tu 'nganni u munnu e 'na futura matri.
　Picchì, unni u trovi un ventri ancora 'ntattu
cchi rifiuta aratru tòi e simenza?
O quali omu si chiudi 'ntomba e sfattu
voli essiri, fimmannu 'a discinnenza?
　Ppi tò' matri si' specchiu cchi rinnovi
u duci Aprili do sò' tempu annatu;
e tu 'ntra u vitru da vicchiàja trovi,
a patti i rughi, u tempu tòi 'ndoratu.
　Si campi e un tò' ricoddu 'un vòi cchi sia,
　mori sulu e mori 'a facci tòi ccu tia.

(6 austu 2017)

4

    Unthrifty loveliness, why dost thou spend
Upon thyself thy beauty's legacy?
Nature's bequest gives nothing but doth lend,
And being frank, she lends to those are free.
    Then, beauteous niggard, why dost thou abuse
The bounteous largess given thee to give?
Profitless usurer, why dost thou use
So great a sum of sums yet canst not live?
    For having traffic with thyself alone,
Thou of thyself thy sweet self dost deceive.
Then how, when nature calls thee to be gone,
What acceptable audit canst thou leave?
    Thy unused beauty must be tomb'd with thee,
    Which used, lives th' executor to be.

4 (a. l. 2)

    Biddizza spenni-e-spanni, pirchì sulu
ppi tia 'a spienni e a nuddu 'a vuoi lassari?
Natura 'unn'arriàla, presta sulu,
ginirusa, a cu sapi arrialari.
    Allura, bieddu avaru, pirchì abbusi
de' beni ca ti dèsiru ppi dari?
Inutili usuraiu, pirchì usi
tutti ssi sordi e nun ci sai campari?
    Ma, traficannu tu sulu ccu tia,
tu stissu puoi u mièghiu 'i tia 'ngannari.
Quannu 'a Natura, appuoi, t'ammustra 'a via
cchi buonu risurtatu puoi lassari?
    Nun usata, mori ccu tia 'a biddizza;
    si usata, mmustra a tutti 'a tò ricchizza.

(7 austu 2017)

5

    Those hour, that with gentle work did frame
The lovely gaze where every eye doth dwell
Will play the tyrants to the very same,
And that unfair which fairly doth excel;
    For never-resting time leads summer on
To hideous winter, and confounds him there,
Sap check'd with frost, and lusty leaves quite gone,
Beauty o'er-snow'd and bareness everywhere.
    Then were not summer's distillation left,
A liquid prisoner pent in walls of glass,
Beauty's effect with beauty were bereft,
Nor it nor no remembrance what it was:
      But flowers distilled, though they with winter meet,
      Leese but their show; their substance still lives sweet.

5 (a. l. 1)

    Ddi uri cchi fummaru senza 'ngannu
ssa facci bedda cchi ogni occhiu vadda
tiranni contru d'idda si farannu
luvànnu dda biddizza cchi ora è sadda.
    Mai resta femmu u Tempu e spingi 'a Stati
'nto bruttu Mmennu unni resta 'nfussata,
gilata è 'a linfa, i fogghi vivi annati,
tuttu è siccu, 'a biddizza è annivicata.
    E, si nu' ristiria l'essenziu 'i Stati
liquidu 'nta na boccia 'i vitru gghiusu,
saparirìanu biddizza e cunnutati
e, 'nzemmu a iddi, ogni ricoddu e usu.
      Ma, si pari cchi u Mmennu i sciuri ammazza,
      l'essenziu d'iddi resta a fari razza.

(10 austu 2017)

6

Then let not winter's ragged hand deface
In thee thy summer, ere thou be distilled.
Make sweet some vial, treasure thou some place
With beauty's treasure ere it be self-killed.
  That use is not forbidden usury
Which happies those that pay the willing loan:
That's for thyself to breed another thee,
Or ten times happier, be it ten for one;
  Ten times thyself were happier than thou art,
If ten of thine ten times refigur'd thee.
Then what could death do, if thou shouldst depart,
Leaving thee living in posterity?
  Be not self-willed, for thou art much too fair
  To be death's conquest and make worms thine heir.

6 (a. l. 2)

Perciò, nun fari o' Mmiernu cunsumari
'a Stati tò prima di dari essenziu.
Prima ca 'a biddizza si va a 'mmazzari
na boccia jinchi e trisuoru fai d'essenziu.
  Usallu nun è usura pruibbita
si a pagari filici c'è quarcuna
ppi fari nàutru tia; e ssa partita
fussi megghia si fussi deci a una.
  Tu fussi deci voti cchiù cuntenti
s'idda dicìni 'i voti ti facissi:
vivu ristannu, allura, 'ntra i viventi,
si tu murissi, 'a Morti cchi putissi?
  Nun essiri goista: si nun cedi,
  'a Morti vinci e viermi ài ppi eredi.

(11 austu 2017)

7

    Lo, in the orient when the gracious light
Lifts up his burning head, each under eye
Doth homage to his new-appearing sight,
Serving with looks his sacred majesty,
    And having climbed the steep-up heavenly hill,
Resembling strong youth in his middle age,
yet mortal looks adore his beauty still,
Attending on his golden pilgrimage.
    But when from highmost pitch, with weary car,
Like feeble age, he reeleth from the day,
The eyes, 'fore duteous, now converted are
From his low tract and look another way.
    So thou, thyself out-going in thy noon,
    Unlooked on diest, unless thou get a son.

7 (a. l. 1)

    Oh, quannu 'a bedda luci di ll'orienti
jisa dda testa 'i focu, ogni occhiu omaggiu
renni, ccà 'ntera, a sò' vista lucenti:
vaddannu sebbi nu re sacru e saggiu.
    Quannu à acchianatu 'a codda do celu,
comu giùvini cchi maturi foru,
l'occhi da genti si jìsunu o' celu
annannu appressu o' sò' caminu d'oru.
    Ma, quannu u carru di la cima cala,
è comu un vecchiu cchi 'a stanchizza affanna;
l'occhiu nun à duviri e si nni scala
da bàscia via e vadda a nàutra banna.
    Tu, luntanu de beddi jonna un migghiu,
    scògnitu mori si nun lassi un figghiu.

(12 austu 2017)

8

Music to hear, why hear'st thou music sadly?
Sweets with sweets war not, joy delights in joy.
Why lov'st thou that which thou receiv'st not gladly,
Or else receiv'st with pleasure thine annoy?
   If the true concord of well-tuned sounds
By unions married, do offend thine ear,
They do but sweetly chide thee, who confounds
In singleness the parts that thou shouldst bear.
   Mark how one string, sweet husband to another,
Strikes each in each by mutual ordering,
Resembling sire and child and happy mother,
Who all in one, one pleasing note do sing;
     Whose speechless song, being many, seeming one,
     Sings this to thee: 'thou single wilt prove none'.

8 (a. l. 2)

Musica, ascuti musica 'ntristutu?
U duci contra u duci? Gioia è gioia.
Ti piaci cosa ca nun t'à piaciutu
e accietti cosa ca ppi tia è noia?
   Si l'armunia di cuncurdati suoni
buon'accuppiati aricchi tò affenni,
rimpròviru è pirchì fai cunfusioni
tra l'unu e i tanti ca tu nun intienni.
   Talìa cuomu na corda a nàutra spusa
si muòvunu 'ntunati ccu furtuna,
cuomu tra patri e figghiu e matri si usa,
e tutti 'nsiemi 'ntuònunu 'a canzuna:
     senza palori, cuomu fùssiru una,
     ti canta «'a cosa sula 'unn è nissuna».

(13 austu 2017)

9

   Is it for fear to wet a widow's eye
That thou consum'st thyself in single life?
Ah, if thou issueless shalt hap to die
The world will wail thee like a makeless wife;
   The world will be thy widow and still weep
That thou no form of thee hast left behind,
When every private widow well may keep
By children's eyes her husband's shape in mind.
   Look, what an unthrift in the world doth spend
Shifts but his place, for still the world enjoys it;
But beauty's waste hath in the world an end,
And kept unus'd, the user so destroys it.
   No love toward others in that bosom sits
   That on himself such murderous shame commits.

9 (a. l. 1)

   È ppi scantu 'i bagnari a vìduva l'occhi
cchi ti cunsumi 'nni sulagna vita?
Si tu mori senza lassari sbocchi
ti ciangi u munnu, comu sula zita;
   u munnu resta vìduvu di tia,
e ciangi picchì nun lassasti 'nzitu,
mentri qualunchi vìduva aviria
'nt'occhi de figghi u stampu 'i sò' maritu.
   Chiddu cchi u spenni-e-spanni spenni o' munnu
càngia sulu di postu, u munnu u gusta;
ma finisci 'a biddizza pessa o' munnu:
ppi cu l'usa, 'unn' usànnula, è na crusta.
   Nun c'è amuri ppi àutri 'nni ddu pettu
   cchi cunsuma ssu muttali difettu.

(13 austu 2017)

10

    For shame deny that thou bear'st love to any,
Who for thyself art so unprovident.
Grant, if thou wilt, thou art belov'd of many,
But that thou none lovest is most evident;
    For thou art so possessed with murd'rous hate
That 'gainst thyself thou stick'st not to conspire,
Seeking that beauteous roof to ruinate
Which to repair should be thy chief desire.
    O, change thy thought, that I may change my mind!
Shall hate be fairer lodg'd than gentle love?
Be, as thy presence is, gracious and kind,
Or to thyself at least kind-hearted prove:
      Make thee another self for love of me,
      That beauty still may live in thine or thee.

10 (a. l. 2)

    Ppi vriogna dici ca 'unn ami a nudda,
mentri nun pensi a tia stissu! E caru
amuri si', si vuoi, ppi na fudda:
Ma, ca nun ami a nudda, è tantu chiaru.
    Si' accussì pussidutu di òddiu-a-morti
ca contra di tia stissu fai cungiuri,
e, 'nveci d'aggiustalli e falli forti,
vuoi sdirrubbari di la casa i muri.
    Oh, càngia testa, e ju pinioni càngiu!
No' l'amuri, ma l'òddiu ha puostu fissu?
Mmùstriti cuomu si', gentili e saggiu,
cori gintili, armenu, ccu tia stissu.
      Cria nàutru tia stissu, fallu ppi mia,
      e 'a biddizza resta nne tuoi o ccu tia.

(14 austu 2017)

11

As fast as thou shalt wane, so fast thou grow'st
In one of thine, from that which thou departest,
And that fresh blood which youngly thou bestow'st
Thou mayst call thine when thou from youth convertest.
   Herein lives wisdom, beauty, and increase;
Without this, folly, age, and cold decay.
If all were minded so, the times should cease,
And threescore year would make the world away.
   Let those whom nature hath not made for store,
Harsh, featureless, and rude, barrenly perish.
Look whom she best endowed she gave the more,
Which bounteous gift thou shouldst in bounty cherish.
   She carved thee for her seal, and meant thereby
   Thou shouldst print more, not let that copy die.

11 (a. l. 1)

   Prestu calannu vai, prestu criscennu,
'nni unu de' tòi, da chiddu cchi lassi,
e u sangu cchi vai giùvini 'nvistennu
pòi diri tòi quannu 'a giuvintù passi:
   chistu è gnegnu, crìscita e biddizza,
sinnò, paccìa, vicchiàja e friddu sfasciu.
Si 'a pinzamu così, u tempu schizza,
e in tri vintini d'anni u munnu è sfattu.
   Cu 'a Natura nun fici ppi criari
cripassi ciuncu, stottu e bestia sicca;
tu avisti tantu, e avirivi a rispittari
chista cchi idda ti desi dota ricca.
   Ppi màrchiu ti stampau, e così vòsi
   cchi tu stampassi tanti stissi cosi.

(14 austu 2017)

12

   When I do count the clock that tells the time,
And see the brave day sunk in hideous night;
When I behold the violet past prime,
And sable curls ensilvered o'er with white;
   When lofty trees I see barren of leaves,
Which erst from heat did canopy the herd,
And summer's green all girded up in sheaves
Borne on the bier with white and bristly beard:
   Then of thy beauty do I question make
That thou among the wastes of time must go,
Since sweets and beauties do themselves forsake,
And die as fast as they see others grow;
     And nothing 'gainst Time's scythe can make defence
     Save breed, to brave him when he takes thee hence.

12 (a. l. 2)

   Quannu ju cuntu i cuorpi do rraloggiu
e u juornu chinu passa a nnotti scura,
quannu vidu ca 'a viola è sulu ammuogghiu
e 'a testa scura è janca argentatura,
   quannu vidu arbiruni senza fogghi
ca arripararu i crapi da calura,
e 'a Stati ca 'nte gregni u virdi cogghi
cuomu si fussi janca varba dura;
   allura 'a tò biddizza, m'addumannu,
s'a porta u Tiempu ammienzu a l'àutri cosi:
ca ducizza e biddizza si nni vannu,
prestu crìsciunu e muòrunu li rosi.
     Contra 'a fàuci do Tiempu 'un c'è difisa;
     sulu un figghiu, finuta ca è 'a tò 'mprisa.

(15 austu 2017)

13

O that you were yourself! but, love, you are
No longer yours than you yourself here live.
Against this coming end you should prepare,
And your sweet semblance to some other give.
  So should that beauty which you hold in lease
Find no determination; then you were
Yourself again after your self's decease,
When your sweet issue your sweet form should bear.
  Who lets so fair a house fall to decay,
Which husbandry in honour might uphold
Against the stormy gusts of winter's day,
And barren rage of death's eternal cold?
    O, none but unthrifts, dear my love, you know.
    You had a father: let your son say so.

13 (a. l. 1)

Fùssivu vostru! ma, amuri, siti
vostru sulu finu a cchi si campa.
Contra a sta fini priparatu siti
e a dari a n'àutru 'a vostra duci stampa?
  Così chissa biddizza cchi è affittata
nun trova fini, e vivu vi cunnuci
macari dopu cchi 'a Motti è arrivata,
si duci stampa potta un figghiu duci.
  Cu lassa 'a bedda casa sdurupari,
si contra i timpistusi jonna 'i Mmennu
stànnuci accura, amuri, 'a pò sabbari
contra u friddu da Motti siccu e etennu?
    Cu sciala, amuri, si sa, sulu chissu.
    Ài patri; fa' ca un figghiu dici u stissu!

(28 lugghiu 2017)

14

Not from the stars do I my judgment pluck,
And yet methinks I have astronomy;
But not to tell of good or evil luck,
Of plagues, of dearths, or seasons' quality.
  Nor can I fortune to brief minutes tell,
Pointing to each his thunder, rain, and wind,
Or say with princes if it shall go well
By oft predict that I in heaven find;
  But from thine eyes my knowledge I derive,
And, constant stars, in them I read such art
As truth and beauty shall together thrive
If from thyself to store thou wouldst convert.
  Or else of thee this I prognosticate:
  Thy end is truth's and beauty's doom and date.

14 (a. l. 2)

Nun pigghiu da li stiddi i mò giudizi,
ma però mienzu stròlucu mi sientu;
tinti o buoni nun prièdicu nutizi
né a ppesti, caristii o stasciuni pienzu;
  né sacciu cchi succedi ogni minutu:
si trona o chiovi o forsi vientu tira,
si ccu stu re ogni beni avrà vinutu,
ppi quarchi sorti ca 'nto cielu gira.
  Lièggiu 'nta ll'uocchi tò zuoccu ju sacciu,
cuomu fùssiru stiddi, e ppi chist'arti
virità ccu biddizza cuomu o' spacciu
aumièntunu si un figghiu tu vuoi far'ti.
  Sinnò, sèntimi buonu ppi na stizza:
  mori ccu tia e virità e biddizza.

(28 lugghiu 2017)

15

    When I consider every thing that grows
Holds in perfection but a little moment,
That this huge stage presenteth nought but shows
Whereon the stars in secret influence comment;
    When I perceive that men as plants increase,
Cheered and check'd even by the self-same sky;
Vaunt in their youthful sap, at height decrease,
And wear their brave state out of memory:
    Then the conceit of this inconstant stay
Sets you most rich in youth before my sight,
Where wasteful Time debateth with Decay,
To change your day of youth to sullied night;
    And all in war with Time for love of you,
    As he takes from you, I engraft you new.

15 (a. l. 1)

    Quannu penzu cchi chiddu cchi ccà crisci
resta priffettu sulu pp'un mumentu,
cchi stu gran tiatru è cosa cchi apparisci,
flussu di stiddi, chiàcchira e cummentu,
    cchi ogn'omu comu ogni pianta crisci
cco stissu celu contra e a favuri,
ccu vantu 'i linfa frisca, e poi patisci
e peddi 'a sò' mimoria di jàuti onuri;
    allura u pinzeri di sta china
vi metti riccu giùvini nna me mira,
unni u Tempu cummatti cca Ruina
ppi cangiàrivi u jonnu in notti nira.
    Guerra o' Tempu, comu si sarivi u zitu:
    chiddu cchi leva a vui jò vi lu 'nzitu.

(30 lugghiu 2017)

16

But wherefore do not you a mightier way
Make war upon this bloody tyrant, time,
And fortify yourself in your decay
With means more blessed than my barren rhyme?
  Now stand you on the top of happy hours,
And many maiden gardens yet unset
With virtuous wish would bear your living flowers,
Much liker than your painted counterfeit.
  So should the lines of life that life repair
Which this time's pencil or my pupil pen
Neither in inward worth nor outward fair
Can make you live yourself in eyes of men.
    To give away yourself keeps yourself still,
    And you must live, drawn by your own sweet skill.

16 (a. l. 2)

Pirchì 'un faciti ccu cchiù forza uerra
contra stu Tiempu tirannu e fitenti
e 'un vi susiti cchiù forti di 'nterra
ccu miezzi de paroli cchiù putenti?
  Siti com'ora 'ncima a filici uri
e c'è cchiù d'un jardinu ancora 'ntattu
di figghia ppi vi dari un friscu sciuri
ca v'assimigghia miègghiu d'un ritrattu.
  È lìnia 'i vita nova ca rinnova
biddizza d'intra e fora all'uocchi 'i tutti,
cuomu nun pò pinnieddu ca cci prova
do Tiempu o penna mia ccu viersi rutti.
    Spirìri è mantinìrivi ogni parti:
    sulu pò disignàrivi 'a vostr'arti.

(29 lugghiu 2017)

17

   Who will believe my verse in time to come
If it were fill'd with your most high deserts?
Though yet, heaven knows, it is but as a tomb
Which hides your life, and shows not half your parts.
   If I could write the beauty of your eyes
And in fresh numbers number all your graces,
The age to come would say 'This poet lies;
Such heavenly touches ne'er touched earthly faces.'
   So should my papers, yellowed with their age,
Be scorned, like old men of less truth than tongue,
And your true rights be term'd a poet's rage
And stretchèd meter of an antique song;
     But were some child of yours alive that time,
     You should live twice: in it, and in my rhyme.

17 (a. l. 1)

   Cu cridiria e' mè' palori d'atti
si di ssi mmèriti sarìanu chini?
Su' tomba cchi v'ammuccia e mmenza patti
mmustra, oh celu, di ssi mmèriti fini.
   Si i vostr'occhi sapiria arriputtari
ccu paroli e ssa biddizza intera,
si diria: «cosi 'i pueti minzignari,
occhi 'i celu 'un si vìttiru mai 'ntera».
   Sarìanu i catti mei gialliniati
sfuttuti comu vecchi chiacchiaruni,
vui, favula 'i pueti stralunati
cchi giriànnu ccu vecchi canzuni.
     Ma, si avirivu figghi in tempu fatti,
     camparivu ddu voti: unn'iddi e in atti.

(31 lugghiu 2017)

18-126. The Fair Youth

U Bieddu Giùvini

('A Relazzioni e 'a Cuncurrenza)

18

   Shall I compare thee to a summer's day?
Thou art more lovely and more temperate:
Rough winds do shake the darling buds of May,
And summer's lease hath all too short a date:
   Sometime too hot the eye of heaven shines,
And often is his gold complexion dimm'd;
And every fair from fair sometime declines,
By chance or nature's changing course untrimm'd;
   But thy eternal summer shall not fade
Nor lose possession of that fair thou ow'st;
Nor shall Death brag thou wander'st in his shade,
When in eternal lines to time thou grow'st:
   So long as men can breathe or eyes can see,
   So long lives this and this gives life to thee.

18 (a. l. 2)

   T'àju a paraunari a un juornu 'i Stati?
Cchiù amàbili si' tu, tu si' cchiù duci.
L'affittu 'i Stati àvi jorna limitati,
sciuriddi 'i Maju u vientu ànu ppi cruci.
   L'uocchiu do cielu pò abbrusciari forti,
spissu 'a sò' facci d'oru si fa scura,
i biddizzi si fanu e' voti smuorti
sfatti da casu o càngiu di natura.
   L'eterna Stati tò nun pò passari
né da biddizza tò pierdi pussiessu;
né si pò 'i Morti l'ùmmira vantari
si crisci a tiempu 'nto mò eternu viersu.
   Finu a quann'uomu sciata e uocchiu vidi
   chistu àvi vita e vita a tia cidi.

(27 maju 2020)

19

   Devouring Time, blunt thou the lion's paws,
And make the earth devour her own sweet brood;
   And burn the long-lived phoenix in her blood;
   Make glad and sorry seasons as thou fleets,
And do whate'er thou wilt, swift-footed Time,
To the wide world and all her fading sweets;
But I forbid thee one most heinous crime:
   O, carve not with thy hours my love's fair brow,
Nor draw no lines there with thine antique pen;
Him in thy course untainted do allow
For beauty's pattern to succeeding men.
   Yet, do thy worst, old Time; despite thy wrong,
   My love shall in my verse ever live young.

19 (a. l. 1)

   O' liuni spunti l'ugna, o affamatizzu
Tempu; a' tera fai mangiari i figghi duci;
scippi a' tigri sabbaggia i denti a pizzu,
nno sangu sò' 'a finici etenna bruci.
   Fai tempi belli e tristi mentri voli,
chiddu cchi vòi, Tempu pedi-lesti,
o' munnu e e' sò' cannulicchi e cannoli;
ma ti pruibìsciu un fattu cchi è na pesti:
   signari rughi cca tò' vecchia pinna,
scavari ccu uri 'a frunti do mè' amuri;
passannu, lassa 'a facci sòi digna
fomma 'i biddizza ppi ogni succissuri.
   Ma, fai u peggiu, vecchiu Tempu; tantu,
   giùvini iddu sarà fin'a cchi cantu.

(28 maju 2020)

20

   A woman's face with Nature's own hand painted
Hast thou, the master-mistress of my passion;
A woman's gentle heart, but not acquainted
With shifting change, as is false women's fashion;
   An eye more bright than theirs, less false in rolling,
Gilding the object whereupon it gazeth;
A man in hue, all hues in his controlling,
Much steals men's eyes and women's souls amazeth.
   And for a woman wert thou first created;
Till Nature, as she wrought thee, fell a-doting,
And by addition me of thee defeated,
By adding one thing to my purpose nothing.
    But since she prick'd thee out for women's pleasure,
    Mine be thy love and thy love's use their treasure.

20 (a. l. 2)

   Fìmmina 'i facci 'a Natura ti pittau,
re e riggina da mò passioni,
e di cori gintili t'addutau,
no ballarinu o 'i fimmini finzioni;
   l'uocchiu à cchiù luci, e menu farsu gira,
'ndora tuttu pusànnusi unni-unni;
uomu di forma ca ogni forma aggira,
robba uocchi d'uomu e i fimmini cunfunni.
   Fimmina fusti in primis criatu,
ma 'a Natura cci pigghiau tantu affiettu
ca ccu na junta fui di tia privatu,
jungiennu cosa ca ppi mia è difiettu.
    Si 'i fimmini piaciri ti fu 'nfusu,
    l'amuri tò a mia, a iddi l'usu.

(29 maju 2020)

21

   So is it not with me as with that Muse
Stirr'd by a painted beauty to his verse,
Who heaven itself for ornament doth use
And every fair with his fair doth rehearse
   Making a couplement of proud compare,
With sun and moon, with earth and sea's rich gems,
With April's first-born flowers, and all things rare
That heaven's air in this huge rondure hems.
   O' let me, true in love, but truly write,
And then believe me, my love is as fair
As any mother's child, though not so bright
As those gold candles fixed in heaven's air:
   Let them say more that like of hearsay well;
   I will not praise that purpose not to sell.

21 (a. l. 1)

   Nun si pò diri 'i mia comu 'i dda Musa,
spinta a puisia da biddizza pittata,
cchi u celu stissu a paramentu usa
e sciatu 'i bedda a' bedda sòi risciata,
   mittennu 'nsemi paraguni ranni
ccu suli e luna e gemmi 'i mari e tera
primi sciuri d'Aprili e spinni-e-spanni
cchi u celu sutta 'a sò' cùpula 'nsera.
   Pozza jò, veru in amuri, u veru dari:
l'amuri miu allura, cridi, è bellu
com'ogni figghiu 'i mamma, si macari
nun è cannila d'oru fissa 'ncelu.
   Cu u senti diri 'i cchiui nni pò parrari;
   chiddu cchi 'un vinnu jò 'un vogghiu vantari.

(30 maju 2020)

22

My glass shall not persuade me I am old,
So long as youth and thou are of one date;
But when in thee time's furrows I behold,
Then look I death my days should expiate.
  For all that beauty that doth cover thee
Is but the seemly raiment of my heart,
Which in thy breast doth live, as thine in me:
How can I then be elder than thou art?
  O, therefore, love, be of thyself so wary
As I, not for myself, but for thee will;
Bearing thy heart, which I will keep so chary
As tender nurse her babe from faring ill.
    Presume not on thy heart when mine is slain;
    Thou gav'st me thine, not to give back again.

22 (a. l. 2)

  U specchiu 'un mi cumminci, 'un sugnu viecchiu
si tu e 'a giuvintù sìti na cosa;
ma, quannu 'i rughi 'i tiempu ti fai specchiu,
supra i mò jorna, allura, 'a Morti posa.
  Si dda biddizza ca cummògghia a tia
pari sulu un vistitu do mò cori
ca sta 'nto piettu tò, cuomu u tò in mia,
ti puozzu, allura, èssiri maggiori?
  Perciò, do cori tò pìgghiti cura
cuomu ju, no ppo miu, ma ppi iddu,
purtànnulu intra 'i mia finu ca dura,
cuomu sta attenta 'a balia o' picciriddu.
    Scòrditi u cori tò si u miu è ammazzatu:
    u tò 'un mu dasti pp'avillu turnatu.

(30 maju 2020)

23

   As an unperfect actor on the stage
Who with his fear is put besides his part,
Or some fierce thing replete with too much rage,
Whose strength's abundance weakens his own heart.
   So I, for fear of trust, forget to say
The perfect ceremony of love's rite,
And in mine own love's strength seem to decay,
O'ercharged with burden of mine own love's might.
   O, let my books be then the eloquence
And dumb presagers of my speaking breast,
Who plead for love and look for recompense
More than that tongue that more hath more express'd.
   O, learn to read what silent love hath writ;
   To hear with eyes belongs to love's fine wit.

23 (a. l. 1)

   Comu supa 'nu paccu scassu atturi
cchi, ppi lu scantu, si scodda 'a sò' patti,
o bestia a cui, ppi troppu rancuri
e fozza, u cori debuli ci sbatti,
   così, ppi scantu, jò mi scoddu 'i diri
'a cerimonia priffetta d'amuri,
e 'a forza do mè' amuri va a sfiniri
scacciata da putenza di l'amuri.
   E allura, i fogghi mèi sunnu loquenza,
prufeti muti di cori cchi parra,
cchi aspèttunu amuri e ricumpenza
cchiù 'i dda lingua cchi sempri parra e sparra.
   'Mpara cchi u mutu amuri àvi scrivutu:
   ccu l'occhi ascuta l'amuri 'ngignusu.

(31 maju 2020)

24

   Mine eye hath play'd the painter and hath steel'd
Thy beauty's form in table of my heart;
My body is the frame wherein 'tis held,
And perspective it is best painter's art.
   For through the painter must you see his skill,
To find where your true image pictur'd lies;
Which in my bosom's shop is hanging still,
That hath his windows glazed with thine eyes.
   Now see what good turns eyes for eyes have done:
Mine eyes have drawn thy shape, and thine for me
Are windows to my breast, where-through the sun
Delights to peep, to gaze therein on thee;
    Yet eyes this cunning want to grace their art:
    They draw but what they see, know not the heart.

24 (a. l. 2)

   L'uocchiu miu fa u pitturi e à disignatu
u tò ritrattu in tavula do cori;
stu fisicu è 'a curnici unn'è bluccatu
e in pruspittiva è arti 'i "gran pittori".
   Ccu l'uocchi do pitturi à' taliari,
e truovi unn'è 'a tò mmaggini pittata:
'nta putìa do mò piettu è a pinnuliari
ca 'a finestra à ccu l'uocchi tò 'nvitriata.
   Vidi, ora, l'uocchi a l'uocchi cumminari:
i mìi ànu 'a furma tò, e i tò ppi mia
su' finestra 'mpiettu d'unni taliari
o' suli piaci cchi c'è intra 'i tia.
    Manca 'a spirtizza all'uocchi ppi fari arti;
    nun sanu u cori, e pìttunu 'mparti.

(1 giugnu 2020)

25

    Let those who are in favour with their stars
Of public honour and proud titles boast,
Whilst I, whom fortune of such triumph bars,
Unlook'd for joy in that I honour most.
    Great princes' favourites their fair leaves spread
But as the marigold at the sun's eye,
And in themselves their pride lies buried,
For at a frown they in their glory die.
    The painful warrior famoused for fight,
After a thousand victories once foil'd,
Is from the book of honour razed quite,
And all the rest forgot for which he toil'd.
    Then happy I, that love and am beloved
    Where I may not remove nor be removed.

25 (a. l. 1)

    A ccu luci u favuri di li stiddi
si vantassi d'onuri supibbiuni,
e jò, cchi sta futtuna 'unn'àiu d'iddi,
cchiddu cchi onuru mi godu ammucciuni.
    Favuriti di re jàprunu fògghia
comu na maggarita a' ssulicchiata,
ma 'ntra iddi stissi u vantu sòi s'ammogghia,
lòria cchi mori ccu na sula ucchiata.
    Cavaleri famusu ppi putenza,
doppu milli vittorii supraniatu,
di tavula d'onuri resta senza,
scuddatu è chiddu ppi cui à piniatu.
    Biatu allura jò, amanti e amatu
    unni 'un mi movu e 'un sugnu mannatu.

(1 giugnu 2020)

26

 Lord of my love, to whom in vassalage
Thy merit hath my duty strongly knit,
To thee I send this written embassage,
To witness duty, not to show my wit:
 Duty so great, which wit so poor as mine
May make seem bare, in wanting words to show it,
But that I hope some good conceit of thine
In thy soul's thought, all naked, will bestow it;
 Till whatsoever star that guides my moving
Points on me graciously with fair aspect
And puts apparel on my tatter'd loving,
To show me worthy of thy sweet respect.
  Then may I dare to boast how I do love thee;
  Till then not show my head where thou mayst prove me.

26 (a. l. 2)

 Signuri do mò amuri, u mò duviri
'ntrizzatu è cche tò mièriti, si sa;
ju ti mannu st'omaggiu ppi duviri,
no ppi t'addimustrari abilità.
 Gran duviri ca 'a mò scarsa abilità
fa poviru in mancanza di palori;
ma spieru ca 'a tò capacità
accetta nudi e poviri palori,
 finu a cchi 'a stidda ca ccu mia è vinuta
nun mi talia ccu uocchiu binignu
e 'a passioni strazzata à rivistuta,
ppi ssiri da tò duci stima dignu.
  Vantu, allura, l'amuri miu ppi tia;
  prima no, nun mittìri 'nprova a mia.

(2 giugnu 2020)

27

Weary with toil, I haste me to my bed,
The dear repose for limbs with travel tired;
But then begins a journey in my head,
To work my mind, when body's work's expired;
  For then my thoughts, from far where I abide,
Intend a zealous pilgrimage to thee,
And keep my drooping eyelids open wide,
Looking on darkness which the blind do see:
  Save that my soul's imaginary sight
Presents thy shadow to my sightless view,
Which, like a jewel hung in ghastly night,
Makes black night beauteous and her old face new.
    Lo! thus, by day my limbs, by night my mind,
    For thee and for myself no quiet find.

27 (a. l. 1)

  Curru o' mè' lettu, di stanchizza mottu,
riposu caru a un coppu cchi à viaggiatu;
ma n'àutru viaggiu in testa ora mi pottu:
travagghiu 'i menti, 'i coppu è già passatu.
  I mè' pinzeri, luntanu allucati,
pàttunu in viaggiu santu a tia ciccannu,
pàmpini d'occhi stanchi sbalancati,
comu un cecu cchi u scuru va vaddannu.
  Ma 'a vista mmagginaria 'i ll'amma mia
dugna a mè' vista ceca l'umbra tòi
cchi, comu 'i notti gioia 'mpinnulia,
fa chiara e nova 'a scura facci sòi.
    Oh si, 'i jonnu u coppu, e 'i notti 'a menti,
    ppi tia e ppi mia nun à paci ppi nenti.

(3 giugnu 2020)

28

How can I then return in happy plight,
That am debarr'd the benefit of rest?
When day's oppression is not eased by night,
But day by night, and night by day, oppress'd?
  And each, though enemies to either's reign,
Do in consent shake hands to torture me;
The one by toil, the other to complain
How far I toil, still farther off from thee.
  I tell the day, to please him, thou art bright
And dost him grace when clouds do blot the heaven;
So flatter I the swart-complexion'd night,
When sparkling stars twire not thou gild'st the even.
    But day doth daily draw my sorrows longer
    And night doth nightly make grief's strength seem stronger.

28 (a. l. 2)

Cuom'àiu a turnari a cchiù filici statu
si u pisu 'i juornu a nnotti nun finisci
e u beni do ripuosu nun m'è datu,
ma u pisu 'i notti a ggh'juornu sempri crisci?
  Iddi, l'unu ccu l'àutru nnimici,
ppi sivizziarmi si dùnunu 'a manu:
l'unu strapazza, l'autra cianci e dici
ca mi strapazzu tantu 'i tia luntanu.
  Cumpiaciu u juornu: dicu, "si' sbrinnenti,
cci fai ràzia si u cielu è 'i negghi scuru";
"'nd'ori 'a sira si i stiddi 'un su' lucenti":
fazzu cuntenta 'a notti scura puru.
    Di juornu, u juornu 'a pena fa allungari,
    di notti, 'a notti 'i cchiù mi fa piniari.

(3 giugnu 2020)

29

    When, in disgrace with fortune and men's eyes,
I all alone beweep my outcast state
And trouble deaf heaven with my bootless cries
And look upon myself and curse my fate,
    Wishing me like to one more rich in hope,
Featured like him, like him with friends possess'd,
Desiring this man's art and that man's scope,
With what I most enjoy contented least;
    Yet in these thoughts myself almost despising,
Haply I think on thee, and then my state,
Like to the lark at break of day arising
From sullen earth, sings hymns at heaven's gate;
      For thy sweet love remember'd such wealth brings
      That then I scorn to change my state with kings.

29 (a. l. 1)

    Quannu, ppi tutti in bascia futtuna,
sulu chiangiu u mè' statu sulagnu,
o' celu suddu gridu 'a mè' sfuttuna,
malidìciu u distinu e mi nni lagnu,
    disiànnumi unu chinu di spiranza
com'iddu fattu e riccu d'amici,
disiannu 'i tutti l'atti e 'a 'mputtanza,
cuntentu mai di chiddu cchi già fici;
    ma si, mentri mi vaiu quasi sprizzannu,
ppi casu pensu a tia, tannu u mè' statu,
comu lòdola cchi all'abba va vulannu,
lodi canta do celu o' putticatu.
      Ricchizza potta amuri ricuddatu
      e 'un cangiu chiddu mèi ccu di re statu.

(4 giugnu 2020)

30

When to the sessions of sweet silent thought
I summon up remembrance of things past,
I sigh the lack of many a thing I sought,
And with old woes new wail my dear time's waste:
  Then can I drown an eye, unus'd to flow,
For precious friends hid in death's dateless night,
And weep afresh love's long since cancell'd woe,
And moan the expense of many a vanish'd sight:
  Then can I grieve at grievances foregone,
And heavily from woe to woe tell o'er
The sad account of fore-bemoaned moan,
Which I new pay as if not paid before.
  But if the while I think on thee, dear friend,
  All losses are restored and sorrows end.

30 (a. l. 2)

  Quannu a la corti do pinzieru mutu
chiamu i ricuordi di cosi passati,
lamientu peni nuovi e u tiempu jutu,
suspiru ammancu di cosi circati.
  Si ìnchiunu l'uocchi ('i lacrimi già scarsi)
di chiantu ppi l'amuri scancillati,
ppa pièrdita d'immagini scumparsi,
cari amici a nnotti 'i Morti passati.
  Mi lagnu allura de' lagnanzi juti,
de' peni 'i tantu tiempu già passatu,
do cuntu tristu 'i chianti già cianciuti
ca pagu ora, ppi quantu già pagatu.
  Ma si ju piensu a tia, amicu caru,
  finisci 'a pena e 'a pièrdita va a paru.

(4 giugnu 2020)

31

Thy bosom is endeared with all hearts,
Which I by lacking have supposed dead,
And there reigns love and all love's loving parts,
And all those friends which I thought buried.
  How many a holy and obsequious tear
Hath dear religious love stol'n from mine eye
As interest of the dead, which now appear
But things remov'd that hidden in thee lie!
  Thou art the grave where buried love doth live,
Hung with the trophies of my lovers gone,
Who all their parts of me to thee did give;
That due of many now is thine alone.
    Their images I loved I view in thee,
    And thou, all they, hast all the all of me.

31 (a. l. 1) credere

  Su' nno tò' pettu i cori priziusi
cchi, ppi mancanza, motti avìa stimatu;
dda regna amuri e i sò' patti amurusi
e dd'amici cchi sfatti avìa pinzatu.
  Oh, quanti làcrimi divoti e santi
st'amuri santu all'occhi mèi à rubbati,
omaggiu e' motti, cchi pàrunu ora tanti
cosi spustati e dintra 'i tia pusati.
  Tomba unni campa amuri suttirratu
si', ccu trofei de mè' passati amanti
cchi i sò' patti di mia ànnu a tia datu;
ppi tia sulu ora è l'affettu 'i tanti.
    Ddi immaggini chi amai jò vidu in tia,
    tu ài tutt'iddi e tuttu 'i tuttu 'i mia.

(5 giugnu 2020)

32

If thou survive my well-contented day,
When that churl Death my bones with dust shall cover,
And shalt by fortune once more re-survey
These poor rude lines of thy deceased lover,
  Compare them with the bett'ring of the time,
And though they be outstripp'd by every pen,
Reserve them for my love, not for their rhyme,
Exceeded by the height of happier men.
  O, then vouchsafe me but this loving thought:
'Had my friend's Muse grown with this growing age,
A dearer birth than this his love had brought,
To march in ranks of better equipage:
  But since he died and poets better prove,
    Theirs for their style I'll read, his for his love.'

32 (a. l. 2)

Si duopu u juornu 'i rennicuntu campi,
ca 'a Morti mi cummogghia 'i terra l'ossa,
e lieggi a casu sti palori a stampi,
poviri viersi d'amanti 'nta fossa,
  ccu tiempi miegghi mèttili a cunfruntu
e, s'àutri penni l'ànu supraffati,
pp'amuri, no ppe rimi, i tieni in cuntu,
da pueti cchiù sperti supraniati.
  Stu pinzieru d'amuri garantisci:
«l'amuri avissi miegghi cosi datu,
si 'a Musa sò e st'anni fussi un crisci,
o' passu ccu poeti 'i miègghiu statu»;
  ma, è muortu e àutri pueti su' migghiuri:
    ppo stili lièggi a iddi, a mia pp'amuri.

(5 giugnu 2020)

33

    Full many a glorious morning have I seen
Flatter the mountain-tops with sovereign eye,
Kissing with golden face the meadows green,
Gilding pale streams with heavenly alchemy;
    Anon permit the basest clouds to ride
With ugly rack on his celestial face,
And from the forlorn world his visage hide,
Stealing unseen to west with this disgrace:
    Even so my sun one early morn did shine
With all triumphant splendor on my brow;
But out, alack! he was but one hour mine;
The region cloud hath mask'd him from me now.
    Yet him for this my love no whit disdaineth;
    Suns of the world may stain when heaven's sun staineth.

33 (a. l. 1)

    Matini 'i luci àiu vistu lusingari
cimi di munti ccu occhiu di patruni,
ccu faccia d'oru viddi erba baciari,
magia 'i celu indurari gialli sciumi;
    poi lassari a vili nuvuli passari
su 'a sòi celesti facci massi scuri,
e o' munnu in pena 'a sò' facci ammucciari
scappannu a punenti senza onuri.
    Così 'i matina u suli mèi brillau
ccu triunfanti luci 'n frunti a mia;
ahi, però sulu un'ura iddu durau;
un nuvuluni u mascariau a mia.
    Iddu, ppi amuri mèi, accetta velu;
    scurìanu i suli 'ntera si u stissu è 'ncelu.

(6 giugnu 2020)

34

Why didst thou promise such a beauteous day,
And make me travel forth without my cloak,
To let base clouds o'ertake me in my way,
Hiding thy brav'ry in their rotten smoke?
   'Tis not enough that through the cloud thou break,
To dry the rain on my storm-beaten face,
For no man well of such a salve can speak
That heals the wound and cures not the disgrace.
   Nor can thy shame give physic to my grief;
Though thou repent, yet I have still the loss:
The offender's sorrow lends but weak relief
To him that bears the strong offence's cross.
   Ah! but those tears are pearl which thy love sheds,
   And they are rich and ransom all ill deeds.

34 (a. l. 2)

   Pirchì mi prumittisti un bon matinu,
faciènnumi viaggiari senza mantu,
si un nuvulazzu mi cogghi in caminu
ammucciannu 'a tò forza in fumu sfrantu?
   N'abbasta ca tra i nuvuli tu spunti
e asciuchi 'nfacci st'acqua di canali;
nuddu dici 'i pumata buoni cunti
si 'a firita sana e 'un cura u mali.
   Né 'a tò vriogna sana 'a pena mia:
tu ti pienti, ju sempri pierdu 'a 'mprisa,
u duluri 'i cu affenni 'un dà valia
a cu àvi 'ncuoddu 'a cruci di l'offisa.
   Ddi làcrimi, oh, su' perli do tò amuri,
   su' ricchizza e riscattu di duluri.

(6 giungu 2020)

35

No more be grieved at that which thou hast done:
Roses have thorns, and silver fountains mud;
Clouds and eclipses stain both moon and sun,
And loathsome canker lives in sweetest bud.
   All men make faults, and even I in this,
Authorizing thy trespass with compare,
Myself corrupting, salving thy amiss,
Excusing thy sins more than thy sins are;
   For to thy sensual fault I bring in sense –
Thy adverse party is thy advocate –
And 'gainst myself a lawful plea commence.
Such civil war is in my love and hate
   That I an accessary needs must be
   To that sweet thief which sourly robs from me.

35 (a. l. 1)

Ppi chiddu cchi facisti 'un ti lagnari:
d'ecclissi luna e suli su' macchiati,
spini ànnu i rosi e fangu l'acqui chiari,
vemmi schifusi in bocciu su' 'ntanati.
   Sbàgghiunu tutti, jò puru 'un c'è quistioni:
supa i tò' sbagghi pottu paraguni,
mi 'nfettu sanannu i tò' 'nfizzioni,
scusu i piccati tòi ppi piccatuni;
   e' tò' pecchi sinzuali dugnu un senzu
– l'avvissàriu si fa tò' difinzuri –
e contra 'i mia na causa accumenzu.
Guerra civili àiu tra òddiu e amuri
   e còmplici ppi fozza m'àiu a fari
   d'un latru duci cchi sapi arrubbari.

(7 giugnu 2020)

36

Let me confess that we two must be twain,
Although our undivided loves are one:
So shall those blots that do with me remain
Without thy help by me be borne alone.
  In our two loves there is but one respect,
Though in our lives a separable spite,
Which though it alter not love's sole effect,
Yet doth it steal sweet hours from love's delight.
  I may not evermore acknowledge thee,
Lest my bewailed guilt should do thee shame,
Nor thou with public kindness honour me,
Unless thou take that honour from thy name.
    But do not so; I love thee in such sort
    As, thou being mine, mine is thy good report

36 (a. l. 2)

Àmu a ristari dui, sienti a mia,
puru si i nuostri amuri su' unu sulu:
ddi macchi, allura, rièstunu ccu mia,
e senza aiutu tò mi puortu sulu.
  Dui su' l'amuri ma unicu è l'affiettu;
però 'nta nostra vita c'è un sfavuri
ca nu' 'ntacca d'amuri unicu affiettu
ma e' piaciri d'amuri arrobba uri.
  Nun ti canusciu quannu 'ncuontru a tia,
o 'a mò curpa ti porta sdisanuri,
gintili 'un ssiri in pubbricu ccu mia
si 'un vuoi o' nomu tò luvari anuri.
    Ma nun u fari; 'i tia c'è tanta brama:
    si tu si' miu, mia è 'a tò bona fama.

(9 giugnu 2020)

37

   As a decrepit father takes delight
To see his active child do deeds of youth,
So I, made lame by fortune's dearest spite,
Take all my comfort of thy worth and truth.
   For whether beauty, birth, or wealth, or wit,
Or any of these all, or all, or more,
Entitled in thy parts do crowned sit,
I make my love engrafted to this store:
   So then I am not lame, poor, nor despis'd,
Whilst that this shadow doth such substance give
That I in thy abundance am sufficed
And by a part of all thy glory live.
   Look, what is best, that best I wish in thee;
   This wish I have; then ten times happy me!

37 (a. l. 1)

   Ci àvi piaciri un patri cassariatu
d'un figghiu attivu in giuvanili affari;
ppi sfavuri 'i Futtuna jò struppiatu
mi scialu assai vidènnuti onurari.
   Si nascita, biddiza, o beni o gnegnu,
unu, o tutti, sta supa 'i tia 'ncrunatu,
o àutru ancora di divessu segnu,
l'amuri miu a stu zzuccu èni 'nzitatu.
   Poviru e zoppu 'un sugnu, 'unn'àiu straziu
mentri cchi st'umbra dugna tali stampu
cchi jò nna tò' bbunnanzia sugnu saziu
e di na patti da tò' lòria campu.
   Vògghiu u megghiu do megghiu jò ppi tia:
   vali ppi deci 'a filicità mia!

(9 giugnu 2020)

38

   How can my Muse want subject to invent,
While thou dost breathe, that pour'st into my verse
Thine own sweet argument, too excellent
For every vulgar paper to rehearse?
   O, give thyself the thanks, if aught in me
Worthy perusal stand against thy sight;
For who's so dumb that cannot write to thee,
When thou thyself dost give invention light?
   Be thou the tenth Muse, ten times more in worth
Than those old nine which rhymers invocate;
And he that calls on thee, let him bring forth
Eternal numbers to outlive long date.
    If my slight Muse do please these curious days,
    The pain be mine, but thine shall be the praise.

38 (a. l. 2)

   A' Musa mia nun manca cchi cantari
finu cchi ài sciatu e duni a mò puisia
materia tò ca troppu fa 'ncantari
ppi dalla e' carti d'un mìsiru sia-sia.
   Ràzi a tia stissu si cosa truovi in mia
ca all'uocchi tò si merita attinzioni;
cu è accussì mutu ca nu' scrivi a tia
quannu tu stissu dài luci a 'nvinzioni?
   Decima Musa, deci voti cchiù digna
de' viecchi novi da pueti priati;
e a cu ti prea fa' 'a sò puisia digna
di vita longa cchiù di luonghi dati.
    Si 'a Musa lèggia mia a sti tiempi piaci,
    fatica a mia, tu 'i lodi ti cumpiaci.

(10 giugnu 2020)

39

O, how thy worth with manners may I sing,
When thou art all the better part of me?
What can mine own praise to mine own self bring?
And what is 't but mine own when I praise thee?
  Even for this let us divided live,
And our dear love lose name of single one,
That by this separation I may give
That due to thee which thou deserv' st alone.
  O absence, what a torment wouldst thou prove,
Were it not thy sour leisure gave sweet leave
To entertain the time with thoughts of love,
Which time and thoughts so sweetly doth deceive,
  And that thou teachest how to make one twain,
  By praising him here who doth hence remain!

39 (a. l. 1)

Comu àiu a modu i preggi tòi cantari
si tu si' tutta 'a megghiu patti 'i mia?
Cchi pò 'a lodi mèi a mia puttari?
Nun è mèi tutta 'a lodi mèi ppi tia?
  Puru ppi chistu ristamu spattuti
e 'un damu o' nostru amuri un nomu sulu;
così spattuti pozzu dari tutti
ddi lodi a tia cchi mmèriti tu sulu.
  E cchi tummentu tu sarivi, o assenza,
si, a passatempu in pinzeri d'amuri,
ss'amara libbittà 'un daria licenza
– cchi è duci 'ngannu ppi pinzeri e uri –,
  e 'un mi dirivi comu 'i unu ddui fari
  lodannu ccà a cu pò luntanu stari!

(10 giugnu 2020)

40

Take all my loves, my love, yea, take them all;
What hast thou then more than thou hadst before?
No love, my love, that thou mayst true love call;
All mine was thine before thou hadst this more.
   Then if for my love thou my love receivest,
I cannot blame thee for my love thou usest;
But yet be blam'd, if thou thyself deceivest
By wilful taste of what thyself refusest.
   I do forgive thy robb'ry, gentle thief,
Although thou steal thee all my poverty;
And yet, love knows, it is a greater grief
To bear love's wrong than hate's known injury.
    Lascivious grace, in whom all ill well shows,
    Kill me with spites; yet we must not be foes.

40 (a. l. 2)

Pigghia tuttu u mò amuri, o amuri, interu:
di zuoccu già cci avievi cchi cci ài 'i cchiùi?
Nuddu amuri, o amuri, ca puoi diri veru;
tò era tuttu u miu prima 'i stu cchiùi.
   E si, pp'amuri miu, tu ora ll'ài
sprizzarti 'un puozzu si ni fai usi;
ma spriezzu a tia , si a tia tu 'nganni fai
tastannu tuttu chiddu ca rifuti.
   Latru gintili, pirdunu s'arruobbi,
puru s'arruobbi u poviru mò beni;
eppuru amuri sa ca è pena d'uorbi
tuortu d'amuri cchiù ca d'òddiu peni.
    Ràzia vizziusa, unni ogni mali pari,
    sprezzimi, ma nun nn'àmu a nnimicari.

(10 giugnu 2020)

41

   Those petty wrongs that liberty commits,
When I am sometime absent from thy heart,
Thy beauty and thy years full well befits,
For still temptation follows where thou art.
   Gentle thou art and therefore to be won,
Beauteous thou art, therefore to be assailed;
And when a woman woos, what woman's son
Will sourly leave her till she have prevailed?
   Ay me! but yet thou mightest my seat forbear,
And chide thy beauty and thy straying youth,
Who lead thee in their riot even there
Where thou art forced to break a twofold truth:
   Hers, by thy beauty tempting her to thee,
   Thine, by thy beauty being false to me.

41 (a. l. 1

   Ddi totticeddi cchi fai in libbittà,
quannu cco' cori tòi luntanu stai,
s'adàttunu a' biddizza e all'età
picchì c'è tentazzioni unni vai vai.
   Gentili si' e ciccatu da figghioli,
beddu si' e pecciò veni assattatu;
quali omu, si è 'a fimmina cchi u vòli,
'a lassa prima cchi l'à cunquistatu?
   Ahi! putirivi lassari u postu miu,
sgridari i tò biddizzi e stravacanzi
cchi ti pottunu rittu unii finiu
ddu' voti 'a serietà cchi c'era 'nnanzi:
   'a sòi, cchì beddu si' e 'a vòi ccu tia,
   'a tòi, cchì beddu e fassu si' ccu mia.

(11 giugnu 2020)

42

That thou hast her, it is not all my grief,
And yet it may be said I loved her dearly;
That she hath thee, is of my wailing chief,
A loss in love that touches me more nearly.
  Loving offenders, thus I will excuse ye:
Thou dost love her, because thou know'st I love her;
And for my sake even so doth she abuse me,
Suff'ring my friend for my sake to approve her.
  If I lose thee, my loss is my love's gain,
And losing her, my friend hath found that loss;
Both find each other, and I lose both twain,
And both for my sake lay on me this cross.
  But here's the joy; my friend and I are one;
  Sweet flattery! then she loves but me alone.

42 (a. l. 2)

Cchi tu ài a idda, 'un è stu gran duluri,
e si pò diri ca l'amavu tantu;
cch'idda àvi a tia, su' i mò lamienti duri,
na pièrdita ca sientu sempri accantu.
  Vi truovu, amanti tradituri, 'a scusa:
tu ami a idda pirchì sai ca ju l'amu,
pp'amuri miu pur'idda si nn'abbusa,
restannu 'nprova tò pirchì ju l'amu!
  Si pierdu a tia, cci guadagna l'amata,
si pierdu a idda, 'a trova 'amicu miu;
sta cruci tutti dui m'ànu assignata:
iddi si truòvunu, cu perdi sugnu ju.
  Ma è na gioia: l'amicu e ju siemu unu;
  m'illudu: idda ama a mia sulu e a nissunu.

(11 giugnu 2020)

43

    When most I wink, then do mine eyes best see,
For all the day they view things unrespected;
But when I sleep, in dreams they look on thee,
And darkly bright are bright in dark directed.
    Then thou, whose shadow shadows doth make bright,
How would thy shadow's form form happy show
To the clear day with thy much clearer light,
When to unseeing eyes thy shade shines so!
    How would, I say, mine eyes be blessed made
By looking on thee in the living day,
When in dead night thy fair imperfect shade
Through heavy sleep on sightless eyes doth stay!
    All days are nights to see till I see thee,
    And nights bright days when dreams do show thee me.

43 (a. l. 1)

    Quannu cchiù i gghiudu, cchiù i me' occhi vìdunu,
e tuttu u jonnu vìdunu scuncetti;
ma quannu dommu in sonni ppi tia cèdunu,
luci 'i scuru, luci o' scuru diretti.
    Tu cca tò' umbra all'umbri dugni luci,
fommi filici fummaria 'a tò' umbra
o' chiaru jonnu cca tò' cchiù chiara luci,
quann'a occhi senza vista luci l'umbra.
    Quantu sarìanu l'occhi mèi filici
pusànnusi su tia a vivu jonnu,
si a nnotti funna l'umbra tòi 'nfilici
si posa su occhi obbi a chinu sonnu!
    Su' notti i jonna fin'a cchi vidu a tia,
    e jonna i notti si 'nsonnu stai ccu mia.

(11 giugnu 2020)

44

If the dull substance of my flesh were thought,
Injurious distance should not stop my way;
For then despite of space I would be brought,
From limits far remote where thou dost stay.
  No matter then although my foot did stand
Upon the farthest earth removed from thee;
For nimble thought can jump both sea and land
As soon as think the place where he would be.
  But ah! thought kills me that I am not thought,
To leap large lengths of miles when thou art gone,
But that so much of earth and water wrought,
I must attend time's leisure with my moan,
    Receiving nought by elements so slow
    But heavy tears, badges of either's woe.

44 (a. l. 2)

  Fussi pinzieru 'a massa 'i carni mia,
straziu 'i distanza 'un mi firmassi mai,
ju mi purtassi, ppi quantu longa è 'a via,
da assai luntanu ddà unni tu stai.
  Nu' 'mporta allura si u mò pedi stassi
su quarchi terra, assai luntanu 'i tia;
mari e terri u pinzieru satassi
appena iddu pinzassi 'a giusta via.
  Muoru pinzannu ca pinzieru 'un sugnu
ppi satari ddi migghia ca ài passatu;
di troppa terra e acqua fattu sugnu,
e aspiettu u tiempu giustu, scunzulatu:
    da sti materii lienti si pò aviri
    lacrimi sulu e i nuostri suspiri.

(12 giugnu 2020)

45

    The other two, slight air and purging fire,
Are both with thee, wherever I abide;
The first my thought, the other my desire,
These present-absent with swift motion slide;
    For when these quicker elements are gone
In tender embassy of love to thee,
My life, being made of four, with two alone
Sinks down to death, oppress'd with melancholy;
    Until life's composition be recured
By those swift messengers return'd from thee,
Who even but now come back again, assured
Of thy fair health, recounting it to me.
    This told, I joy; but then no longer glad,
    I send them back again and straight grow sad.

45 (a. l. 1)

    L'àutri ddui, l'aria lèggia e 'a purga 'i focu,
sunnu ccu tia, jò unni sugnu sugnu;
prima u pinzeri mèi e u disiu dopu,
prisenti-assenti sciddìcunu du pugnu.
    Pecciò quannu sta coppia scappa e fui
ppi puttari a tia duci 'mbasciata,
di quattru 'a vita mèi resta ccu ddui,
si senti mòriri e resta allagnata;
    finché 'a sustanza 'i vita è risanata
d'ambasciaturi di ritonnu 'i tia
cchi propriu ora, ccu facci assicurata
da tò' saluti, pàrrunu ccu mia.
    Pecciò sugnu cuntentu, ma nun dura:
    ti li rimannu, e 'a facci tonna scura.

(12 giugnu 2020)

46

    Mine eye and heart are at a mortal war
How to divide the conquest of thy sight;
Mine eye my heart thy picture's sight would bar,
My heart mine eye the freedom of that right.
    My heart doth plead that thou in him dost lie,
A closet never pierc'd with crystal eyes,
But the defendant doth that plea deny
And says in him thy fair appearance lies.
    To 'cide this title is impanneled
A quest of thoughts, all tenants to the heart,
And by their verdict is determined
The clear eye's moiety and the dear heart's part.
      As thus: mine eye's due is thy outward part,
      And my heart's right thy inward love of heart.

46 (a. l. 2)

    Uerra firoci cc'è tra uocchiu e cori
ppi spartìrisi 'acquistu d'a tò vista:
l'uocchiu ammucciannu u tò ritrattu o' cori,
u cori jttannu l'uocchiu fora pista.
    Ca tu si' unn'iddu, u cori miu s'appella:
trisuoru mai taliatu d'uocchi chiari;
ma u citatu rifiuta sta quarella:
ccu iddu 'a facci tò sta a dimurari.
    Na giurìa a dicidìri è cunvucata
di pinzieri suggetti tutti o' cori,
e ccu sintenza veni distinata
na parti all'uocchiu chiaru e n'àutra o' cori:
      all'uocchiu miu va 'a tò parti esterna,
      o' cori 'a parti do tò amuri interna.

(13 giugnu 2020)

47

Betwixt mine eye and heart a league is took,
And each doth good turns now unto the other.
When that mine eye is famish'd for a look,
Or heart in love with sighs himself doth smother;
   With my love's picture then my eye doth feast
And to the painted banquet bids my heart;
Another time mine eye is my heart's guest
And in his thoughts of love doth share a part.
   So either by thy picture or my love,
Thyself away art resent still with me;
For thou not farther than my thoughts canst move,
And I am still with them and they with thee;
   Or, if they sleep, thy picture in my sight
   Awakes my heart to heart's and eye's delight.

47 (a. l. 1)

Tra occhiu e cori è tregua dichiarata
e l'unu all'àutru dugna aiutu a giri:
all'occhiu si è affamatu 'i na vaddata,
o' cori si è affucatu de suspiri.
   Ppi l'occhiu mèi u tò ritrattu è festa
e a gran pranzu pittatu 'nvita u cori;
n'àutra vota 'nvitatu l'occhiu resta
e' pinzeri d'amuri cchi àvi u cori.
   Così, ppi amuri mèi o tò' ritrattu,
puru luntanu si' sempri ccu mia;
né cchiù de' mè' pinzeri curri un trattu
e sugnu jò sempri ccu iddi, iddi ccu tia.
   Si dòmmunu, l'opra du ritrattista
   sbigghia u cori e dilizia cori e vista.

(13 giugnu 2020)

48

   How careful was I, when I took my way,
Each trifle under truest bars to thrust,
That to my use it might unused stay
From hands of falsehood, in sure wards of trust!
   But thou, to whom my jewels trifles are,
Most worthy of comfort, now my greatest grief,
Thou, best of dearest and mine only care,
Art left the prey of every vulgar thief.
   Thee have I not lock'd up in any chest,
Save where thou art not, though I feel thou art,
Within the gentle closure of my breast,
From whence at pleasure thou mayst come and part;
     And even thence thou wilt be stol'n, I fear,
     For truth proves thievish for a prize so dear.

48 (a. l. 2)

   Ccu ttinzioni, pigghiannu strata, misi
tutti i gingilli arrieri i sbarri 'i fierru,
ppi usu miu sulu e non d'àutri, stisi
'mpuostu sicuru, fora 'i manu 'i stierru.
   A frunti a tia i mò gioi su' gingilli;
ora duluri, tu, già u mièghiu quatru,
tu, 'a megghia e cchiù cara de' mò spilli,
ristasti l'obbiettivu d'ogni latru.
   Nun t'àiu chiusu 'nti nuddu cassettu,
tranni unni 'un si', puru si ddà mi pari,
intra a' scatula d'oru do mò piettu
d'unni a piaciri niesci e puòi turnari.
     Macari 'i dduocu ti puonu arrubbari:
     è latra l'onestà ppe premi cari.

(14 giugnu 2020)

49

   Against that time, if ever that time come,
When I shall see thee frown on my defects,
When as thy love hath cast his utmost sum,
Call'd to that audit by advised respects;
   Against that time when thou shalt strangely pass
And scarcely greet me with that sun thine eye,
When love, converted from the thing it was,
Shall reasons find of settled gravity;
   Against that time do I ensconce me here
Within the knowledge of mine own desert,
And this my hand against myself uprear,
To guard the lawful reasons on thy part.
    To leave poor me thou hast the strength of laws,
    Since why to love I can allege no cause.

49 (a. l. 1)

   Contra ddu tempu, si ddu tempu veni,
quannu t'aggigghi supa i mè' difetti
quannu l'amuri tòi 'a summa teni
chiamatu e' cunti da sinsati affetti,
   contra ddu tempu, quannu passi stranu
e ss'occhiu 'i suli appena mi saluta,
quannu l'amuri tòi, già fattu vanu,
trova raggiuni 'i serietà assoluta,
   contra ddu tempu fotti m'àiu a fari
'ntra canuscenza de mè' onesti fatti,
e sta mè' manu contra 'i mia jisari
ppi ddi giusti raggiuni da tò' patti.
    Lassari a un puvirazzu ài forza 'i liggi,
    ppi fammi amari 'un c'è causa cchi riggi.

(14 giugnu 2020)

50

How heavy do I journey on the way,
When what I seek – my weary travel's end –
Doth teach that ease and that repose to say
'Thus far the miles are measured from thy friend!'
   The beast that bears me, tired with my woe,
Plods dully on, to bear that weight in me,
As if by some instinct the wretch did know
His rider lov'd not speed, being made from thee.
   The bloody spur cannot provoke him on
That sometimes anger thrusts into his hide;
Which heavily he answers with a groan,
More sharp to me than spurring to his side;
   For that same groan doth put this in my mind:
   My grief lies onward and my joy behind.

50 (a. ll. 2)

Quantu mi pisa 'nta sta strata jiri
si 'a cunchiusioni 'i stu viaggiu stancanti
a cuòmudu e ripuoso 'nsigna a diri:
«tanti migghia l'amicu tò è distanti».
   Sta vièstia, stanca de' mò sacrifizzi,
si strascina ppi ddu pisu intra 'i mia
cuomu si 'a puvirazza già sapissi
ca nu' mi vuògghiu alluntanari 'i tia.
   Né 'a spingi avanti ddu spiruni o' mantu
ca cci appizza 'a mò ràggia, 'nsangunatu;
è cchiù puntutu 'i spirunati o' sciancu
ppi mia u sò lamientu adduluratu.
   Ddu lamientu mi metti sti pinzieri:
   davanti è 'a pena, u piaciri è d'arrieri.

(15 giugnu 2020)

51

    Thus can my love excuse the slow offence
Of my dull bearer when from thee I speed:
From where thou art why should I haste me thence?
Till I return, of posting is no need.
    O, what excuse will my poor beast then find,
When swift extremity can seem but slow?
Then should I spur, though mounted on the wind;
In winged speed no motion shall I know:
    Then can no horse with my desire keep pace;
Therefore desire, of perfect'st love being made,
Shall neigh – no dull flesh – in his fiery race;
But love, for love, thus shall excuse my jade;
      Since from thee going he went wilful-slow,
      Towards thee I'll run, and give him leave to go.

51 (a. l. 1)

    U passu lentu di sta bbestia mia,
quannu nni nnamu, 'amuri u pò scusari:
cchi è sta prescia cchi m'allutana 'i tia?
Nun c'è cussa prima 'i ritunnari.
    Cchi scusi, allura, 'a bbestia pò truvari
quannu 'a sò cussa pari passu lentu?
Puru cco ventu, jò aviria a sprunari;
puru si volu, 'un pari muvimentu.
    Cavaddu 'un teni u passu d'un disiu,
fattu 'i priffettu amuri, cchi nitrìca
'n cussa veloci, e 'unn è canni 'i passiu.
Ma 'amuri scusa sta bestia 'i fatica:
      lassannu a tia, idda ebbi lentu u passu;
      ppi tia jò curru, e o' passu sòi 'a lassu.

(16 giugnu 2020)

52

   So am I as the rich, whose blessed key
Can bring him to his sweet up-locked treasure,
The which he will not ev'ry hour survey,
For blunting the fine point of seldom pleasure.
   Therefore are feasts so solemn and so rare,
Since, seldom coming, in the long year set,
Like stones of worth they thinly placed are,
Or captain jewels in the carcanet.
   So is the time that keeps you as my chest,
Or as the wardrobe which the robe doth hide,
To make some special instant special blest,
By new unfolding his imprison'd pride.
     Blessed are you, whose worthiness gives scope,
     Being had, to triumph, being lack'd, to hope.

52 (a. l. 2)

   Paru un riccu ca 'a biniditta chiavi
porta o' bieddu trisuoru sutta ggiri,
ma 'i cuntrullallu o spissu vogghia 'unn'àvi
ppi n'azzannari 'a punta do piaciri.
   Ppi chissu i festi su' rari e sulenni,
ca, siennu radi 'nti n'annata sana,
petri priziusi su' e ognuna penni
di ccà o di ddà, gioielli 'nta cullana.
   U tiempu teni a vui cuomu u mò piettu,
o na muarra unn'è 'a robba ammucciata,
ppi fari quarchi istanti binidettu
libbirannu dda gioia carzarata.
     Biatu vui; ssu mièritu pò dari
     gioia si s'àvi, sinnò fa spirari.

(16 giugnu 2020)

53

    What is your substance, whereof are you made,
That millions of strange shadows on you tend?
Since every one hath, every one, one shade,
And you, but one, can every shadow lend.
    Describe Adonis, and the counterfeit
Is poorly imitated after you;
On Helen's cheek all art of beauty set,
And you in Grecian tires are painted new:
    Speak of the spring and foison of the year;
The one doth shadow of your beauty show,
The other as your bounty doth appear;
And you in every blessed shape we know.
    In all external grace you have some part,
    But you like none, none you, for constant heart.

53 (a. l. 1)

    Di cchi sustanza sìti fattu vui
ccu cui tanti strani umbri vonnu stari?
Si unu è unu, un'umbra àvi e no ddui,
ma vui, sulu unu, nn'aviti 'i pristari.
    Si parra di Aduni, e u sò' ritrattu
è na pòvira copia a paraguni;
di ogni biddizza Elena ànu fattu,
e vui pariti un grecu signuruni.
    Si parra 'i Primavera o di l'annata,
l'una èni l'umbra da biddizza vostra,
l'àutra na cosa vostra rigalata;
sapemu di ogni bedda fomma in mostra.
    Nni ogni ràzia estenna patti aviti,
    ma ppi custanza 'i cori unicu siti .

(17 giugnu 2020)

54

O, how much more doth beauty beauteous seem
By that sweet ornament which truth doth give!
The rose looks fair, but fairer we it deem
For that sweet odour which doth in it live.
   The canker-blooms have full as deep a dye
As the perfumed tincture of the roses,
Hang on such thorns and play as wantonly
When summer's breath their masked buds discloses;
   But, for their virtue only is their show,
They live unwoo'd and unrespected fade,
Die to themselves. Sweet roses do not so;
Of their sweet deaths are sweetest odours made:
   And so of you, beauteous and lovely youth,
   Then that shall fade, my verse distills your truth.

54 (a. l. 2)

   Oh, quantu 'a biddizza cchiù bedda pari
ppi ddu cchiùi ca 'a virtù cci duna!
Rosa bedda cchiù bedda ancora appari
pirchì ppi sò natura idda prufuma.
   Su' i bocci da sarbaggia a tinta viva
cuomu culuri 'i rosa 'nciauriati,
piènnunu supra i spini e, quannu tira,
u sciatu 'i Stati i rapi annaculiati;
   ma, datu ca 'i virtù sulu ànu fumi,
nuddu cci bada e ammàgghiunu scurdati,
muòrunu suli. I mansi ànu furtuni:
duci è a sò morti, e i profumi tirati.
   Ccussì ppi vui, giùvini bieddu tantu:
   passa 'a biddizza, ma 'mpuisia 'a cantu.

(17 giugnu 2020)

55

   Not marble, nor the gilded monuments
Of princes, shall outlive this powerful rhyme;
But you shall shine more bright in these contents
Than unswept stone besmear'd with sluttish time.
   When wasteful war shall statues overturn,
And broils root out the work of masonry,
Nor Mars his sword nor war's quick fire shall burn
The living record of your memory.
   'Gainst death and all-oblivious enmity
Shall you pace forth; your praise shall still find room
Even in the eyes of all posterity
That wear this world out to the ending doom.
    So, till the judgment that yourself arise,
    You live in this, and dwell in lover's eyes.

55 (a. l. 2)

   Né màrmuru né statui di re d'oru
dùrunu cchiù di sta forti puisia,
unni stati sbrinnenti cchiù ca fuoru
petri scuruti da tiempu e lurdia.
   Quannu 'a uerra ogni statua jetta 'nterra
e 'a marmàgghia paisi e cuntinenti,
nun brùscia spata 'i Marti o fuocu 'i uerra
da' vostra mimoria stampu viventi.
   Supravanzati 'a Morti e u riestu 'i nenti,
e 'a bedda lodi vuostra resta finu
'nta l'uocchi 'i tutta dda futura genti
ca purtiravi u munnu o' sò distinu.
    Finu o' Giudiziu ca vi fa vigghianti
    ppi mia campati, e stati 'nt'uocchi amanti.

(4-5 austu 2008)

56

Sweet love, renew thy force; be it not said
Thy edge should blunter be than appetite,
Which but today by feeding is allay'd,
Tomorrow sharpen'd in his former might:
  So, love, be thou; although today thou fill
Thy hungry eyes even till they wink with fullness,
Tomorrow see again, and do not kill
The spirit of love with a perpetual dullness.
  Let this sad interim like the ocean be
Which parts the shore, where two contracted new
Come daily to the banks, that, when they see
Return of love, more blest may be the view;
    Else call it winter, which being full of care
    Makes summer's welcome thrice more wish'd, more rare.

56 (a. l. 1)

  Amuri, pigghia fozza, nuddu à diri
cchi 'a lama cchiù do pitittu si morza:
chistu è cammatu oggi do mangiari,
dumani affera 'a sò' vecchia fozza.
  Fai così, amuri; e si oggi ti jinchi l'occhi
ffamati finu a cchi su' gghiusi sazi,
dumani vadda ancora e 'a Motti 'un tocchi
u spiritu d'amuri cche sò' strazzi.
  Sia stu tristu 'ntevvallu comu u mari
cchi spatti 'a costa unni ddu' ziti vannu
supa 'a riba ogni gghionnu ppi vaddari:
si tonna amuri, vista filici ànnu.
    Si vòi, chiàmulu Mmennu: ppe sò' affanni
    'a Stati è cchiù aspittata e assai cchiù ranni.

(18 giugnu 2020)

57

Being your slave, what should I do but tend
Upon the hours and times of your desire?
I have no precious time at all to spend,
Nor services to do, till you require.
  Nor dare I chide the world-without-end hour
Whilst I, my sovereign, watch the clock for you,
Nor think the bitterness of absence sour
When you have bid your servant once adieu;
  Nor dare I question with my jealous thought
Where you may be, or your affairs suppose,
But, like a sad slave, stay and think of nought
Save, where you are how happy you make those.
    So true a fool is love that in your will,
    Though you do any thing, he thinks no ill.

57 (a. l. 2)

Cchi fazzu, schiavu vuostru, si 'un badari
o' disiu vuostru, e' sò tiempi e dati?
Tiempu priziusu nun ci nn'àiu 'i dari
nè 'i fari cosi si 'un mi cumannati.
  Nè rimpròviru ddi uri assai allungati
quannu, signuri, aspiettu e taliu l'ura;
nè pienzu o' dispiaciri ca 'un turnati
duopu u vuostru salutu di sbintura.
  Nè, gilusu, mi puozzu ddumannari
unn'è ca sìti o cchi affari faciti;
ma, schiavu tristu, unn'àiu ca pinzari
a ddi filici genti unni staciti.
    L'amuri è un buffunazzu e 'un penza o' mali:
    faciti la qualunqui, u stissu vali.

(18 giugnu 2020)

58

That god forbid that made me first your slave,
I should in thought control your times of pleasure,
Or at your hand the account of hours to crave,
Being your vassal, bound to stay your leisure.
  O, let me suffer, being at your beck,
The imprison'd absence of your liberty;
And patience, tame to sufferance, bide each check,
Without accusing you of injury.
  Be where you list, your charter is so strong
That you yourself may privilege your time
To what you will; to you it doth belong
Yourself to pardon of self-doing crime.
  I am to wait, though waiting so be hell;
  Not blame your pleasure, be it ill or well.

58 (a. l. 1)

  Nun voli u diu, cchi a vui mi fici schiavu,
cchi penzu a cuntrullàrivi i piaciri
o cchi da vostra manu u cuntu cavu,
sennu schiavu attaccatu a ssu vuliri.
  Oh, lassati cchi, sutta a ssu cumannu,
soffru 'ncàrciri 'a vostra libbittà
e, senza mai accusarivi di dannu,
ccu pacenza jò soffru ora e ccà.
  Stati unni sìti ; 'a vostra liggi è tali
cchi o' tempu vostru dati privileggi
comu vuliti, e sulu ppi vui vali
piddunari si vi faciti sfreggi.
  L'attisa c'è ppi mia, cosa 'nfennali;
  no a crìtichi, faciti beni o mali.

(19 giugnu 2020)

59

If there be nothing new, but that which is
Hath been before, how are our brains beguiled,
Which, labouring for invention, bear amiss
The second burden of a former child!
  O, that record could with a backward look,
Even of five hundred courses of the sun,
Show me your image in some antique book,
Since mind at first in character was done!
  That I might see what the old world could say
To this composed wonder of your frame;
Whether we are mended, or whether better they,
Or whether revolution be the same.
  O, sure I am, the wits of former days
  To subjects worse have given admiring praise.

59 (a. l. 2)

  Si nnenti è nuovu e zuoccu cc'è cci à statu,
pirchì 'a menti si 'nganna ricriannu,
e, duopu u primu addievu ca è già natu,
n'abbuortu ti pruduci duopu un annu?
  Oh, si 'a mimoria, taliannu pp'arrieri,
macari 'i cintinara 'i giri 'i suli,
ssa furma m'ammustrassi in carti di ieri
quannu 'a menti fu misa in carattuli,
  ju sapissi si dissiru l'antichi
a vostra bedda furma quarchi cosa,
si siemu nui o iddi belli fichi,
o si, passannu i tiempi, è 'a stissa cosa.
  Sugnu sicuru ca 'ntiempi passati
  suggetti pèggiu fuoru assai stimati.

(20 giugnu 2020)

60

   Like as the waves make towards the pebbled shore,
So do our minutes hasten to their end,
Each changing place with that which goes before,
In sequent toil all forwards do contend.
   Nativity, once in the main of light,
Crawls to maturity, wherewith being crown'd,
Crooked eclipses 'gainst his glory fight,
And Time that gave doth now his gift confound.
   Time doth transfix the flourish set on youth
And delves the parallels in beauty's brow,
Feeds on the rarities of nature's truth,
And nothing stands but for his scythe to mow:
     And yet to times in hope my verse shall stand,
     Praising thy worth, despite his cruel hand.

60 (a. l. 1)

   Comu cùrrunu l'unni a li cuticchi
così i nostri minuti vessu 'a fini;
e s'affùddunu ammati di cavicchi
scangiannu l'unu e l'àutru i cunfini.
   'A nascita, appena è nno mmari 'i luci,
striscia all'età unni veni 'ncrunata,
l'ecclissi guerra a' sò' lòria cunnuci,
cosa data do Tempu è ritirata.
   U Tempu strazza i sciuri 'i frisca rosa,
nna frunti da' biddizza rughi stagghia,
mangia 'i natura ogni rara cosa
cchi aspetta additta 'a foci sòi cchi tagghia.
     Ma contra o' Tempu starà sta puisia,
     contra a sò' manu, dannu lodi a tia.

(20 giugnu 2020)

61

   Is it thy will thy image should keep open
My heavy eyelids to the weary night?
Dost thou desire my slumbers should be broken,
While shadows like to thee do mock my sight?
   Is it thy spirit that thou send'st from thee
So far from home into my deeds to pry,
To find out shames and idle hours in me,
The scope and tenor of thy jealousy?
   O, no! thy love, though much, is not so great:
It is my love that keeps mine eye awake;
Mine own true love that doth my rest defeat,
To play the watchman ever for thy sake.
    For thee watch I whilst thou dost wake elsewhere,
    From me far off, with others all too near.

61 (a. l. 2)

   Vuoi tu ca apierti 'a furma tò tinissi
 pisanti 'i gigghia mì 'nta notti stanca?
Vuoi tu ca ruttu u suonnu miu vinissi
mentri umbra cuomu a tia 'a mò vista sbianca?
   Si' tu ca manni u spiritu a spiari
i fatti mì luntanu da tò casa,
vriogni e stranizzi pp'attruvari
supra i quali 'a gilusia tò si basa?
   Tantu è u tò amuri, ma non tantu ranni;
u mò amuri teni l'uocchi aperti a mia;
veru amuri ca fa o' ripuosu 'nganni
e fa u uardianu ppi cuntu di tia.
   Uardu ppi tia ca vigghi cu u sapi unni,
   luntanu 'i mia, e ccu àutri ti cunfunni.

(21 giugnu 2020)

62

Sin of self-love possesseth all mine eye
And all my soul and all my every part;
And for this sin there is no remedy,
It is so grounded inward in my heart.
  Methinks no face so gracious is as mine,
No shape so true, no truth of such account;
And for myself mine own worth do define,
As I all other in all worths surmount.
  But when my glass shows me myself indeed,
Beated and chopp'd with tann'd antiquity,
Mine own self-love quite contrary I read;
Self so self-loving were iniquity.
  'Tis thee, myself, that for myself I praise,
Painting my age with beauty of thy days.

62 (a. l. 1)

  Sintissi u Megghiu a l'occhiu mèi è piccatu
e a tutta l'amma mia, tutti i mè' patti;
ma nno mè' cori è tantu radicatu,
piccatu resta, 'un c'è rimeddiu o atti.
  Nudda facci è raziusa cchiù da mia,
fomma cchiù vera, virità cchiù rara,
jò stimu u mè' valuri quantu sia,
d'ogni pissuna o' munnu 'a mia è cchiù cara.
  Ma quannu u specchiu comu sugnu ammustra,
rizzicagnutu e sconciu ppi l'età,
stu Megghiu 'i n'àutru modu s'addimustra:
sintissi u Megghiu è na bistialità.
  Parrannu 'i mia jò parru da tò' fomma
e dugnu all'età mèi i tò' beddi jonna.

(21 giugnu 2020)

63

    Against my love shall be, as I am now,
With Time's injurious hand crush'd and o'erworn;
When hours have drain'd his blood and fill'd his brow
With lines and wrinkles; when his youthful morn
    Hath travell'd on to age's steepy night,
And all those beauties whereof now he's king
Are vanishing or vanish'd out of sight,
Stealing away the treasure of his spring;
    For such a time do I now fortify
Against confounding age's cruel knife,
That he shall never cut from memory
My sweet love's beauty, though my lover's life.
    His beauty shall in these black lines be seen,
    And they shall live, and he in them still green.

63 (à. l. 2)

    Quannu l'ura pp'amuri miu è vinuta
ca u Tiempu 'nfami u ridduci a pagghiazzu,
cco sangu sò sucatu e 'a frunti jinchiuta
di righi e rughi; quannu u giuvinazzu
    matinu sò agghica a nnotti 'ngrata,
e dda biddizza di cui re si senti
è scumparuta o 'un è mancu taliata,
e 'a ricca Primavera unn'è prisenti;
    ppi tannu ju fazzu forza ora
contra o' cutieddu di l'età tagghienti,
accussì 'un tagghia da mimoria fora
'a sò biddizza, e sulu 'a vita è nenti.
    Cchi 'a sò biddizza in scuri righi sia:
    virdi iddu resta dintra 'i sta puisia.

(22 giugnu 2020)

64

    When I have seen by Time's fell hand defaced
The rich proud cost of outworn buried age;
When sometime lofty towers I see down-razed
And brass eternal slave to mortal rage;
    When I have seen the hungry ocean gain
Advantage on the kingdom of the shore,
And the firm soil win of the wat'ry main,
Increasing store with loss and loss with store;
    When I have seen such interchange of state,
Or state itself confounded to decay;
Ruin hath taught me thus to ruminate,
That Time will come and take my love away.
    This thought is as a death, which cannot choose
    But weep to have that which it fears to lose.

64 (a. l. 1)

    Ccu manu femma u Tempu à scumminatu
età sfrazzusi cunsumati e motti,
turri accelsi a tera àiu cuntatu
e distrutti ccu ràggia brunzi fotti;
    àiu vistu l'oceanu affamatu
mangiari regni 'i spiaggi longhi e lagghi,
e 'a tera cchi tant'acqui à supraniatu,
cunquistannu e piddennu a pigghi-e-pagghi.
    Vidennu stu gran cangiamentu 'i statu
e u statu stissu ridduttu a schifiu,
sta ruvina a pinzari m'à 'nsignatu
cchi u Tempu veni e si potta 'amuri miu.
    Pinzeru 'i Motti: chiànciri pòi fari
    pp'aviri chiddu cchi si nni pò annari.

(23 giugnu 2020)

65

    Since brass, nor stone, nor earth, nor boundless sea,
But sad mortality o'ersways their power,
How with this rage shall beauty hold a plea,
Whose action is no stronger than a flower?
   O, how shall summer's honey breath hold out
Against the wreckful siege of battering days,
When rocks impregnable are not so stout,
Nor gates of steel so strong, but Time decays?
   O fearful meditation! where, alack,
Shall Time's best jewel from Time's chest lie hid?
Or what strong hand can hold his swift foot back?
Or who his spoil of beauty can forbid?
    O, none, unless this miracle have might,
    That in black ink my love may still shine bright.

65 (a. l. 2)

    'Un c'è brunzu, terra, petra o ranni mari
de' quali 'a trista Morti 'un vinci 'a forza;
contra 'a sò ràggia u bellu cchi pò fari
si cuomu un sciuri 'a forza sò si smorza?
   Cchi pò u sciatu 'i meli di la Stati
contra l'assediu 'i jorna battagghieri?
Porti 'i fierru do Tiempu su' sfunnati,
furtilizzi abbattuti ppi pilieri.
   Pinzata 'i scantu! Unni si pò ammucciari
do Tiempu di lu Tiempu 'a megghia gioia?
Cchi manu straggi 'i bellu pò firmari
o bluccari u sò piedi senza noia?
    Nuddu; ma stu miraculu 'i sbrinnuri
    pò fari u 'nchiuòstru nivru cco mò amuri.

(23 giugnu 2020)

66

    Tir'd with all these, for restful death I cry,
As, to behold desert a beggar born,
And needy nothing trimm'd in jollity,
And purest faith unhappily forsworn,
    And guilded honour shamefully misplaced,
And maiden virtue rudely strumpeted,
And right perfection wrongfully disgraced,
And strength by limping sway disabled,
    And art made tongue-tied by authority,
And folly doctor-like controlling skill,
And simple truth miscall'd simplicity,
And captive good attending captain ill.
    Tired with all these, from these would I be gone,
Save that, to die, I leave my love alone.

66 (a. l. 1)

    Stancu 'i tuttu, dumannu paci a' Motti:
pari u Mmèritu un minnicanti natu,
e 'a pura Fidi cchi patisci totti,
e u Nenti è comu n'àngilu paratu,
    e u grand'Onuri ccu viggogna è datu,
e 'a veggini Vittù è sputtanata,
e u Priffettu a tottu è sdigradatu,
e 'a Fozza è riddutta a na sciancata,
    l'Atti àvi tantu di bavagghiu misu,
 Paccìa à misu l'Abilità in prova,
ppi Simpriciuni u puru Veru è 'ntisu,
u Beni è schiavu e sebbi 'a Malanova.
    Stancu 'i tuttu, stu tuttu jò lassiria.
Si moru, 'amuri miu sulu saria.

(24 giugnu 2020)

67

    Ah! wherefore with infection should he live,
And with his presence grace impiety,
That sin by him advantage should achieve
And lace itself with his society?
   Why should false painting imitate his cheek
And steal dead seeing of his living hue?
Why should poor beauty indirectly seek
Roses of shadow, since his rose is true?
   Why should he live, now Nature bankrupt is,
Beggar'd of blood to blush through lively veins?
For she hath no exchequer now but his,
And, proud of many, lives upon his gains.
    O, him she stores, to show what wealth she had
    In days long since, before these last so bad.

67 (a. l. 2)

   Pirchì ccu sta 'nfizioni iddu à campari
aggrazziannu 'a bastemia cca prisenza,
e u piccatu vantaggiu àvi a pigghiari
attàgghiu a iddu dànnusi 'mpunenza?
   Pirchì 'a pittura farsa fa 'a sò facci
rubbannu a peddi viva morta cosa?
pirchì 'a biddizza àvi a circari tracci
d'ùmmmira 'i rosi, si à na vera rosa?
   Pirchì campari, si 'a Natura rutta
dumanna sangu friscu ppe sò vini?
Ricca 'i tanti, dipenni d'iddu tutta
e sulu d'iddu àvi i casci chini.
    Oh, sarba a iddu, ppi fari vidiri
    ca, tiempu arrieri, pussidia aviri.

(25 giugnu 2020)

68

   Thus is his cheek the map of days outworn,
When beauty liv'd and died as flowers do now,
Before the bastard signs of fair were born,
Or durst inhabit on a living brow;
   Before the golden tresses of the dead,
The right of sepulchres, were shorn away
To live a second life on second head,
Ere beauty's dead fleece made another gay.
   In him those holy antique hours are seen,
Without all ornament, itself and true,
Making no summer of another's green,
Robbing no old to dress his beauty new;
     And him as for a map doth Nature store,
     To show false Art what beauty was of yore.

68 (a. l. 1)

   Mappa è 'a sò' facci 'i jonna cunsumati,
quannu 'a biddizza era motta o viva
comu sciuri, e fassi-beddi signi nati
'un èrunu e 'a frunti nni era priva;
   prima cchi trizzi d'oru a fini 'i vita,
robba di tomba, fùssiru tagghiati
pp'aviri su àutra testa àutra vita:
pila motti ppi àutri sistimati.
   Santi uri antichi unn'iddu, ora si vidi,
sèmprici e veri senza tanti trucchi,
cchi 'un pigghiannu ppa Stati ad àutri u viddi,
beddi 'un si fannu rubbannu vecchi stucchi.
     Teni a iddu comu mappa 'a Natura:
     l'Atti fassa vidi 'a biddizza pura.

(25 giugnu 2020)

69

Those parts of thee that the world's eye doth view
Want nothing that the thought of hearts can mend.
All tongues, the voice of souls, give thee that due,
Utt'ring bare truth, even so as foes commend.
   Thy outward thus with outward praise is crown'd;
But those same tongues that give thee so thine own
In other accents do this praise confound
By seeing farther than the eye hath shown.
   They look into the beauty of thy mind,
And that, in guess, they measure by thy deeds;
Then, churls, their thoughts, although their eyes were kind,
To thy fair flower add the rank smell of weeds.
   But why thy odour matcheth not thy show,
   The solve is this, that thou dost common grow.

69 (a. l. 2)

   A' parti 'i tia ca uocchiu 'i munnu vidi
nun manca nenti ca un cori pò dari.
Lingua sincera duna cchi tti divi:
virità, cuomu sa un nimicu fari.
   L'aspiettu 'i fora 'i fora èni lodatu,
ma chiddi lingui ca ti danu lodi,
cchiù assai vidiennu 'i quantu uocchiu à mustratu,
ccu smurmurii ammìscunu sti lodi.
   Talìunu intra 'a biddizza da tò menti,
e 'a misùrunu supra de' tò fatti;
l'uocchi gintili, ma pinzieri 'i nenti
jùnciunu o' sciuri u fietu d'erbi sfatti.
   Ma, si diversi su' figura e oduri,
   u fattu è chistu: nun si' cchiù signuri.

(26 giugnu 2020)

70

That thou art blamed shall not be thy defect,
For slander's mark was ever yet the fair;
The ornament of beauty is suspect,
A crow that flies in heaven's sweetest air.
  So thou be good, slander doth but approve
Thy worth the greater, being woo'd of time;
For canker vice the sweetest buds doth love,
And thou present'st a pure unstained prime.
  Thou hast pass'd by the ambush of young days,
Either not assail'd or victor being charg'd;
Yet this thy praise cannot be so thy praise,
To tie up envy evermore enlarg'd.
  If some suspect of ill mask'd not thy show,
  Then thou alone kingdoms of hearts shouldst owe.

70 (a. l. 1)

  Si smummuriatu si', 'un ci ài difettu:
u beddu à statu sempri calunniatu;
fa cchiù bedda 'a biddizza un suspettu,
covvu cchi vola 'ncelu rinfriscatu.
  Si si' bonu, 'a calunnia ti fa beni:
vali 'i cchiùi cu do tempu è cuttiggiata;
u vemmi o' cchiù duci bocciu veni
e 'a Primavera tòi 'un è macchiata.
  Passasti senza assalti tutti i mali
'i giuvintù, o nni fusti vincenti;
chistu mmèritu tòi, però, 'un è tali
di scungiurari 'a mmìdia cchi è criscenti.
  Si nun sarivi 'i mali suspittatu
  sarivi d'ogni cori insignuratu.

(26 giugnu 2020)

71

No longer mourn for me when I am dead
Than you shall hear the surly sullen bell
Give warning to the world that I am fled
From this vile world, with vilest worms to dwell.
  Nay, if you read this line, remember not
The hand that writ it; for I love you so
That I in your sweet thoughts would be forgot
If thinking on me then should make you woe.
  O, if, I say, you look upon this verse
When I perhaps compounded am with clay,
Do not so much as my poor name rehearse,
But let your love even with my life decay;
    Lest the wise world should look into your moan,
    And mock you with me after I am gone.

71 (a. l. 2)

Quannu muoru nun cianciti cchiossai
ca dura u tristi tuoccu da campana
ca avvisa u munnu ca mi nni scappai
da un munnu vili agghiri 'i viermi tana.
  Liggiènnumi, vui n' aviti a pinzari
a cu scrissi, pirchì ju v'amu tantu
ca ssu pinzieru m'avissi a scurdari
si u mò pinzieru vi prucura chiantu.
  E si, dicu, liggiti sta puisia
quannu sugnu ammiscatu ccu la crita,
nun prununziati affattu u nomu 'i mia:
sparissi chiss'amuri cca mò vita!
    Cchi u munnu a ssu duluri 'un fa 'nvadenza
    né ridi 'i vui e 'i mia a' mò partenza!

(27 giugnu 2020)

72

O, lest the world should task you to recite
What merit liv'd in me, that you should love
After my death, dear love, forget me quite,
For you in me can nothing worthy prove;
  Unless you would devise some virtuous lie,
To do more for me than mine own desert,
And hang more praise upon deceased I
Than niggard truth would willingly impart.
  O, lest your true love may seem false in this,
That you for love speak well of me untrue,
My name be buried where my body is,
And live no more to shame nor me nor you.
    For I am shamed by that which I bring forth,
    And so should you, to love things nothing worth.

72 (a. l. 1)

  Oh, ppi 'un èssiri custrittu a cuntari
ppi quali mmèriti mèi mi amati
doppu 'a motti, amuri, m'àt'a scuddari:
cosa digna unni mia 'unn attruvati;
  tranni cchi vittù fassi 'un vi 'nvintati
 cchiù cchi u 'mmèritu mèi putiria aviri
e do mottu assai megghiu parrati
cchi 'a nuda virità putiria diri.
  Oh, cchi l'amuri veru fassu 'un pari,
ccu minzogni 'i mia bonu parrannu;
megghiu è cco coppu u nomu suttirrari
si ppi viggogna nostra va campannu.
  Viggogna a mia ppi mia si ripruduci,
  e a vui s'amari 'u bruttu v'arridduci.

(28 giugnu 2020)

73

That time of year thou mayst in me behold
When yellow leaves, or none, or few, do hang
Upon those boughs which shake against the cold,
Bare ruin'd choirs, where late the sweet birds sang.
  In me thou seest the twilight of such day
As after sunset fadeth in the west,
Which by and by black night doth take away,
Death's second self, that seals up all in rest.
  In me thou see'st the glowing of such fire
That on the ashes of his youth doth lie,
As the death-bed whereon it must expire
Consumed with that which it was nourish'd by.
    This thou perceivest, which makes thy love more strong,
    To love that well which thou must leave ere long.

73 (a. l. 2)

  Ddu tiempu 'i l'annu puoi nni mia taliari
ca fogghi gialli, o nenti, o picca piènnunu
(cori spogghi, senza acieddi a cantari)
supra ddi rami ca ora o' friddu trièmunu.
  Vidi nni mia 'a fini 'i na jurnata
quannu, cuddannu, u suli ggialinisci,
prestu s'u porta 'a scura nuttata,
sicunna Morti, ca tuttu addummisci.
  Nni mia tu vidi na scintilla 'i fuocu
di giuvintù nta cìnniri astutata,
cuomu già distinatu 'i morti luocu,
da cosi cunsumati cunsumata.
    Chistu ca sienti ti fa 'i cchiù amari
    chiddu ca prestu ti tocca lassari.

(29 giugnu 2020)

74

But be contented when that fell arrest
Without all bail shall carry me away;
My life hath in this line some interest,
Which for memorial still with thee shall stay.
  When thou reviewest this, thou dost review
The very part was consecrate to thee:
The earth can have but earth, which is his due;
My spirit is thine, the better part of me.
  So then thou hast but lost the dregs of life,
The prey of worms, my body being dead,
The coward conquest of a wretch's knife,
Too base of thee to be remembered.
    The worth of that is that which it contains,
    And that is this, and this with thee remains.

74 (a. l. 1)

  Tranquillu quannu u tristu jonnu veni
e mi si potta senza cauzzioni;
quacchi dirittu 'a vita mèi manteni
su sta puisia cchi 'i mimoria à funzioni.
  Quannu 'a rividi, tu propriu rividi
'a patti cchi era cunsacrata a tia;
'a tera sulu tera àvi d'aviri,
tòi è u spìritu, 'a megghiu patti 'i mia.
  Piddisti da mè' vita sulu u peggiu,
pani ppi vemmi, sennu canni annata,
rrobba di nu cuteddu oramai scheggiu
vilazza ppi viniri arricuddata.
    Di un coppu vali chiddu cch'iddu avìa
    e chissu ristirà sempi ccu tia.

(30 giugnu 2020)

75

So are you to my thoughts as food to life,
Or as sweet-season'd showers are to the ground;
And for the peace of you I hold such strife
As 'twixt a miser and his wealth is found:
   Now proud as an enjoyer and anon
Doubting the filching age will steal his treasure,
Now counting best to be with you alone,
Then better'd that the world may see my pleasure;
   Sometime all full with feasting on your sight
And by and by clean starved for a look;
Possessing or pursuing no delight,
Save what is had or must from you be took.
   Thus do I pine and surfeit day by day,
   Or gluttoning on all, or all away.

75 (a. l. 2)

Sìti ppe mò pinzieri pani 'i vita
o cuomu l'acqua 'i Stati è ppa terra;
cuomu avaru cummatti ppa munita
ccussì ppa vostra paci ju fazzu uerra:
   nni godi ora cuntentu, appuoi cci pari
ca st'età latra arrobba i sò beni;
ora è miègghiu ccu vui sulu arristari,
duopu ca u munnu a canuscenza veni;
   e voti 'a vostra vista già mi sazia,
appuoi muoru pp'aviri na taliata;
aviennu o nun circannu àutra ràzia
ca una nova 'i vui o già pigghiata.
   Sugnu ogni ghiuornu saziu o in pinitenza,
   tuttu sbafannu o 'i tuttu stannu senza.

(1 lugghiu 2020)

76

    Why is my verse so barren of new pride,
So far from variation or quick change?
Why with the time do I not glance aside
To new-found methods and to compounds strange?
    Why write I still all one, ever the same,
And keep invention in a noted weed,
That every word doth almost tell my name,
Showing their birth and where they did proceed?
    O, know, sweet love, I always write of you,
And you and love are still my argument;
So all my best is dressing old words new,
Spending again what is already spent;
    For as the sun is daily new and old,
    So is my love still telling what is told.

76 (a. l. 1)

    Picchì è priva sta puisia 'i sfrazzi novi,
luntanu 'i variazioni e 'mpruvvisati?
Picchì 'un s'adatta a novi tempi e modi,
a novi stili e a scritti strampalati?
    Picchì discrivu sempi oggetti fissi
e 'a mè' 'nvinzioni 'a stissa vesti teni,
e ogni palora dici cu è cchi à scrissi
mmustrannu unni va e d'unni veni?
    Amuri, scrivu di vui sulu ommai,
vui e l'amuri sìti u mè' tissutu,
dugnu a palori novi vecchi saji,
spinnennu ancora chiddu cchi è spinnutu.
    Ma, u suli è novu e vecchiu tutti i jonna,
    così è l'amuri, cunta 'a stissa nomma.

(2 lugghiu 2020)

77

   Thy glass will show thee how thy beauties wear,
Thy dial how thy precious minutes waste;
The vacant leaves thy mind's imprint will bear,
And of this book this learning mayst thou taste.
   The wrinkles which thy glass will truly show
Of mouthed graves will give thee memory;
Thou by thy dial's shady stealth mayst know
Time's thievish progress to eternity.
   Look, what thy memory can not contain
Commit to these waste blanks, and thou shalt find
Those children nurs'd, deliver'd from thy brain,
To take a new acquaintance of thy mind.
   These offices, so oft as thou wilt look,
   Shall profit thee, and much enrich thy book.

77 (a. l. 2)

   T'ammustra u specchiu ca 'a biddizza è nenti,
'a spera ca i minuti s'ànu a sfari;
fuogghi janchi ànu 'a 'mprunta da tò menti,
e di stu libbru chistu puoi 'mparari:
   ssi rughi ca 'nto spechiu puoi vidìri
su' tombi ccu li vucchi sbalancati;
di l'umbra da tò spera puoi vidiri
latriscu Tiempu jiri all'eternitati.
   I cosi ca in mimoria 'un su' purtati
scrìvili 'nta sti fuogghi janchi, e vidi
ca i figghi da tò testa, si addivati,
cca menti tò divièntunu cchiù fidi.
   Sti surbizzi, ca o spissu su' taliati,
   su' a tia prufittu, o' libbru beni dati.

(2 lugghiu 2020)

78

So oft have I invok'd thee for my Muse,
And found such fair assistance in my verse,
As every alien pen hath got my use,
And under thee their poesy disperse.
  Thine eyes, that taught the dumb on high to sing
And heavy ignorance aloft to fly,
Have added feathers to the learned's wing
And given grace a double majesty.
  Yet be most proud of that which I compile,
Whose influence is thine, and born of thee:
In others' works thou dost but mend the style,
And arts with thy sweet graces graced be;
    But thou art all my art and dost advance
    As high as learning my rude ignorance.

78 (a. l. 1)

Tantu spissu àiu chiamatu a tia ppi Musa
e sta puisia si nn'à giuvatu tantu,
cchi ogni strània pinna ora nn'abbusa
e versi, a nomu tòi, jetta a ogni cantu.
  L'occhi tòi, cchi 'nsignaru o' mutu u cantu
e o' gnurantuni a vulari jàutu,
mìsuru i pinni all'ali 'i cu sa tantu
e dèsiru a la ràzia duppiu statu.
  Ma, pigghia oggogghiu 'i chiddu cchi jò scrivu,
natu di tia e sutta 'a 'nfluenza tòi;
unni àutri fai megghiu sulu u stilu,
l'atti àvi ràzia da li ràzii tòi.
    Ma tu si' l'atti mia cchi avanza
    comu 'a scenza 'a rozza mè' gnuranza.

(3 lugghiu 2020)

Whilst I alone did call upon thy aid,
My verse alone had all thy gentle grace;
But now my gracious numbers are decay'd,
And my sick Muse doth give another place.
  I grant, sweet love, thy lovely argument
Deserves the travail of a worthier pen;
Yet what of thee thy poet doth invent
He robs thee of, and pays it thee again.
  He lends thee virtue, and he stole that word
From thy behavior; beauty doth he give,
And found it in thy cheek; he can afford
No praise to thee but what in thee doth live.
    Then thank him not for that which he doth say,
    Since what he owes thee thou thyself dost pay.

79 (a. l. 2)

Mentri circai u tò aiutu ju sulamenti
sulu sta puisia àppi 'a tò ràzia;
ma ora i viersi mì sunu scadenti,
malata è 'a Musa e cedi a n'àutru 'a chiazza.
  Certu, amuri, si' amàbili suggettu
dignu di penna assai cchiù raffinata;
ma la 'nvinzioni 'i ssu pueta spertu
è a tia rrubbata e a tia veni ridata.
  Virtù ti presta, palora arrubbata
o' tò fari; e dda biddizza scritta
nni tia 'a trova; 'i tia veni cantata
lodi ca già nni tia è suttascritta.
    Perciò, ppi zuoccu dici 'un ringraziari:
    paghi tu stissu zuoccu t'àvi a dari.

(4 luggliu 2020)

80

   O, how I faint when I of you do write,
Knowing a better spirit doth use your name
And in the praise thereof spends all his might
To make me tongue-tied, speaking of your fame!
   But since your worth, wide as the ocean is,
The humble as the proudest sail doth bear,
My saucy bark inferior far to his,
On your broad main doth wilfully appear.
   Your shallowest help will hold me up afloat,
Whilst he upon your soundless deep doth ride;
Or being wreck'd, I am a worthless boat,
He of tall building and of goodly pride.
    Then if he thrive and I be cast away,
    The worst was this; my love was my decay.

80 (a. l. 1)

   Si scrivu 'i vui 'a fozza mia va sutta
sapennu cchi unu megghiu 'i mia v'acclama
e nne sò' lodi ci la metti tutta,
m'attacca 'a lingua si trattu 'a vostra fama.
   Ma, ssu valuri, quantu un mari ranni,
manteni bacchi ranni e bacchi nichi;
'a bacca mèi, cchiù nica 'i tanti pammi,
nno mari ranni voli fari 'ntrichi.
   Ccu picca appoggiu vostru stàiu a galla
mentri 'a sò' vila tagghia acqui funni;
s'affunnu, sugnu bacchitta cchi balla,
mentr'iddu è na gran bacca cchi cunfunni.
    Pecciò, s'iddu à futtuna e jò anniatu,
    peggiu è cchi fui pp'amuri ruvinatu.

(5 lugghiu 2020)

81

Or I shall live your epitaph to make,
Or you survive when I in earth am rotten;
From hence your memory death cannot take,
Although in me each part will be forgotten.
  Your name from hence immortal life shall have,
Though I, once gone, to all the world must die:
The earth can yield me but a common grave,
When you entombed in men's eyes shall lie.
  Your monument shall be my gentle verse,
Which eyes not yet created shall o'er-read,
And tongues to be your being shall rehearse
When all the breathers of this world are dead
  You still shall live – such virtue hath my pen –
  Where breath most breathes, even in the mouths of men.

81 (a. l. 2)

Cchi ppo vostru pitaffiu campu ju,
o vui, duopu ca sugnu duvricatu,
cca Morti ssa mimoria 'un si nni jiu,
mentri ju sugnu ormai cuorpu scurdatu.
  'U vuostru nomu avrà vita immurtali,
ju sugnu o' munnu muortu dichiaratu;
ppi mia 'a terra è fossa cumunali,
'nta l'uocchi 'i tutti vui sìti 'ntumbatu.
  'Nta mò puisia un munumientu aviti,
e 'a liggiravi uocchiu ca 'un è natu,
da tanti lingui vui cantatu sìti
quannu 'un c'è cchiù a stu munnu cu àvi sciatu.
  Nun muriti – 'a mò penna fa sti trucchi –
  unni assai si respira, in tanti vucchi.

(5 luggliiu 2020)

82

I grant thou wert not married to my Muse
And therefore mayst without attaint o'erlook
The dedicated words which writers use
Of their fair subject, blessing every book.
  Thou art as fair in knowledge as in hue,
Finding thy worth a limit past my praise,
And therefore art enforced to seek anew
Some fresher stamp of the time-bettering days.
  And do so, love; yet when they have devised
What strained touches rhetoric can lend,
Thou truly fair wert truly sympathized
In true plain words by thy true-telling friend;
    And their gross painting might be better used
    Where cheeks need blood; in thee it is abused.

82 (a. l. 1)

  Cettu, unn'eri spusatu cca mè' Musa,
e, pecciò, pòi vaddari senz'offisa
palori e divozioni cchi àutri usa
ppi un suggettu cchi ogni libbru jisa.
  Tu si' beddu ppi facci e canuscenza,
ài vittù ranni cchiù cchi pozzu diri,
pecciò stampu cchiù friscu, in cuscenza,
di sti tempi filici vòi vidìri.
  Fallu, amuri; ma, quannu ànnu 'nvintatu
i frutti da cchiù fina parlantina,
tu, veru beddu, ppo veru si' criatu
'mpalora do tò' amicu vera e fina.
    E dda pittura grassa è megghiu usata
    su facci gialli; supa 'i tia è abbusata.

(6 lugghiu 2020)

83

I never saw that you did painting need
And therefore to your fair no painting set;
I found, or thought I found, you did exceed
The barren tender of a poet's debt;
   And therefore have I slept in your report,
That you yourself being extant well might show
How far a modern quill doth come too short,
Speaking of worth, what worth in you doth grow.
   This silence for my sin you did impute,
Which shall be most my glory, being dumb;
For I impair not beauty being mute,
When others would give life and bring a tomb.
    There lives more life in one of your fair eyes
    Than both your poets can in praise devise.

83 (a l. 2)

Mai m'addunai ca v'abbisogna stuccu,
perciò a' vostra biddizza stuccu 'un desi;
visti, o mi parsi, ca jiti ottri u truccu
ca un dèbitu 'i pueta ppi vui stesi;
   perciò, parrannu 'i vui, cci jìi chianu,
pirchì vui stissu putiti ammustrari
ca 'un cc'è penna ca 'un fa sfuorzu vanu
parrannu di virtù: nn'àviti 'i dari.
   U mò silenziu a vui piccatu pari,
ma èni vantu miu stàrimi mutu;
mutu, 'a biddizza nun puòzzu macchiari,
mentri àutru, cchiù ca vita, fa un tabbutu.
    'Nti n'uocchiu 'i vui cchiù vita cci pò stari
    di quantu i du' pueti puònu dari.

(6 luggliiu 2020)

84

Who is it that says most which can say more
Than this rich praise, that you alone are you,
In whose confine immured is the store
Which should example where your equal grew.
   Lean penury within that pen doth dwell
That to his subject lends not some small glory;
But he that writes of you, if he can tell
That you are you, so dignifies his story,
   Let him but copy what in you is writ,
Not making worse what nature made so clear,
And such a counterpart shall fame his wit,
Making his style admired everywhere.
    You to your beauteous blessings add a curse,
    Being fond on praise, which makes your praises worse.

84 (a. l. 1)

   Ppi diri tuttu e 'i cchiùi, cu è ddu tali,
di sta lodi: "vui sulu sìti vui
unni è muratu u ccippu originali
cchi o' munnu mmustra n'àutru uguali a vui"?
   Cci à èssiri miseria nni dda pinna
cchi nun presta a un suggettu antìcchia 'i lòria;
ma cu scrivi di vui, si iddu 'nsigna
cchi ùnicu sìti, magnìfica 'a sò storia.
   Cupiassi sulu cchi tiniti scrittu,
senza avviliri òpira 'i natura,
e ssa copia darà fama o' sò scrittu
facènnulu ammirari a ogni ura.
    Jungiti e' lodi na malidizioni:
    vulinni assai è na brutta 'nfizioni.

(7 lugghiu 2020)

85

My tongue-tied Muse in manners holds her still,
While comments of your praise, richly compil'd,
Reserve their character with golden quill
And precious phrase by all the Muses fil'd.
  I think good thoughts whilst other write good words,
And like unletter'd clerk still cry 'Amen'
To every hymn that able spirit affords
In polish'd form of well-refined pen.
  Hearing you prais'd, I say ''Tis so, 'tis true,'
And to the most of praise add something more;
But that is in my thought, whose love to you,
Though words come hindmost, holds his rank before.
  Then others for the breath of words respect,
  Me for my dumb thoughts, speaking in effect.

85 (a. l. 2)

'A Musa mia sta muta, risirbata,
mentri libbri di lodi su' stampati
di vui, ca, scritti ccu penna 'ndorata,
su' stati da ogni Musa rituccati.
  Ju àiu belli pinzieri, iddu palori,
e, nna gnuranza mia, gridu "Amenna"
ogni quannu ddu spertu scrivi lodi
fatti priziusi d'affinata penna.
  Sintiènnu i lodi 'i vui, «è veru, e sì»
dicu, e a' megghia cci jùngiu certi cosi;
ma, 'nta menti: l'amuri ca vi desi
veni prima, i palori su' arritrosi.
  Rispittati a àutri ppe palori o' vientu,
  a mia mutu ppi veru sintimientu.

(8 lugghiu 2020)

86

    Was it the proud full sail of his great verse,
Bound for the prize of all too precious you,
That did my ripe thoughts in my brain inhearse,
Making their tomb the womb wherein they grew?
    Was it his spirit, by spirits taught to write
Above a mortal pitch, that struck me dead?
No, neither he, nor his compeers by night
Giving him aid, my verse astonished.
    He nor that affable familiar ghost
Which nightly gulls him with intelligence
As victors of my silence cannot boast;
I was not sick of any fear from thence.
      But when your countenance fill'd up his line,
      Then lack'd I matter; that enfeebled mine.

86 (a. l. 1)

    Fu 'a vila china e spucchiusa 'i dda puisia,
pattuta a vui priziusu ppi pigghiari,
a 'nfussari i pinzeri in testa mia,
tomba e no ventri unni s'ànnu a fummari?
    Fu u sò' spiritu, da spiriti 'nsignatu
a gran liveddi, cchi mi jttau 'ntera?
No, nun fu iddu né u sò cumparatu
'i notti a fari a' mè' puisia na guera.
    Né iddu né u sò' spiritu 'i famigghia,
cchi l'ammaìstra e 'nciùcia sutta i stiddi,
vantu ànnu do silenziu cchi mi pìgghia:
nun fui malatu 'i scantu a causa d'iddi.
      Quannu u sò' vessu 'i vui fu favuritu,
      senza materia, u mèi fu 'ndibulitu.

(8 lugghiu 2020)

87

Farewell! thou art too dear for my possessing,
And like enough thou know'st thy estimate.
The charter of thy worth gives thee releasing;
My bonds in thee are all determinate.
  For how do I hold thee but by thy granting?
And for that riches where is my deserving?
The cause of this fair gift in me is wanting,
And so my patent back again is swerving.
  Thyself thou gav'st, thy own worth then not knowing,
Or me, to whom thou gav'st it, else mistaking;
So thy great gift, upon misprision growing,
Comes home again, on better judgment making.
  Thus have I had thee, as a dream doth flatter,
  In sleep a king, but waking no such matter.

87 (a. l. 2)

Addiu, si' caru ppi ssiri un pussiessu,
e cridu ca canusci 'a tò stima.
Ài na carta ca a tuttu duna acciessu;
ccu tia i tituli mì scadièru prima.
  Cuomu avìriti si tu 'un si' garanti,
e ju cchi mièritu àiu ppi stu beni?
Ppi stu rialu 'un puozzu aviri vanti
e u mò dirittu allura a tia si renni.
  Tu dasti a tia, u valuri nun sapiènnu,
o ccu mia, a cui u dasti, ti sbagghiasti;
stu rialu tò, supra sbagghiu criscènnu,
torna a casa, ppi giudizi cchiù esatti.
  Cuomu lusinga ti àppi 'nta mò menti:
  'nto suonnu re, vigghianti quasi nenti.

(9 lugghiu 2020)

88

When thou shalt be dispos'd to set me light,
And place my merit in the eye of scorn,
Upon thy side against myself I'll fight,
And prove thee virtuous, though thou art forsworn.
   With mine own weakness being best acquainted,
Upon thy part I can set down a story
Of faults conceal'd, wherein I am attainted,
That thou in losing me shalt win much glory:
   And I by this will be a gainer too;
For bending all my loving thoughts on thee,
The injuries that to myself I do,
Doing thee vantage, double-vantage me.
   Such is my love, to thee I so belong,
   That for thy right myself will bear all wrong.

88 (a. l. 1)

Si mittìrimi 'i patti u' gnonnu vòi
e ccu sprezzu i mè' mmèriti vaddari,
contra di mia sugnu da patti tòi,
de vittù tòi – pòi puru spiggiurari.
   Saputa megghiu 'a dibulizza 'i mia,
pp'appoggiu a tia priparu longa lista
di ddi cuppi ammucciati, macchia mia,
così, piddennu a mia, resti cchiù in vista.
   In tuttu chistu puru jò guadagnu:
ddi pinzeri d'amuri vessu 'i tia,
ddi firiti ppi mia – e mi nni lagnu –
su' un vantaggiu ppi tia, duppiu ppi mia.
   Tòi sugnu, 'amuri mèi è così fotti
   cchi ppe diritti tòi sumpottu i totti.

(9 lugghiu 2020)

89

   Say that thou didst forsake me for some fault,
And I will comment upon that offence;
Speak of my lameness, and I straight will halt,
Against thy reasons making no defence.
   Thou canst not, love, disgrace me half so ill,
To set a form upon desired change,
As I'll myself disgrace: knowing thy will,
I will acquaintance strangle and look strange,
   Be absent from thy walks, and in my tongue
Thy sweet beloved name no more shall dwell,
Lest I, too much profane, should do it wrong,
And haply of our old acquaintance tell.
   For thee, against myself I'll vow debate,
   For I must n'er love him whom thou dost hate.

89 (a. l. 2)

   Ca mi lassasti ppi un piccatu miu
dimmi, e crìtichi jùngiu a chissa offisa;
dimmi ca sugnu zuoppu, e ju zuppiu,
e contra i tò raggiuni 'un ci àiu difisa.
   Ma, amuri, nun mi puòi trattari peggiu,
ppi diri bbeni do tò càngiu 'i manu,
di quantu ju fazzu, si buonu ti lièggiu:
affucu st'amicizia e fazzu u stranu,
   unni passìi 'un ci sugnu, e 'a lingua mia
si scorda u nomu tò duci e amatu,
in muòdu ca 'un ci fazzu viddanìa
e 'un parru d'amicizia do passatu.
   Ppi tia, contra di mia, àiu a luttari
   pirchì a cu oddii tu ju 'un puòzzu amari.

(10 lugghiu 2020

90

Then hate me when thou wilt; if ever, now;
Now, while the world is bent my deeds to cross,
Join with the spite of fortune, make me bow,
And do not drop in for an after-loss.
   Ah, do not, when my heart hath scap'd this sorrow,
Come in the rearward of a conquer'd woe;
Give not a windy night a rainy morrow,
To linger out a purpos'd overthrow.
   If thou wilt leave me, do not leave me last,
When other petty griefs have done their spite,
But in the onset come; so shall I taste
At first the very worst of fortune's might,
    And other strains of woe, which now seem woe,
    Compared with loss of thee will not seem so.

90 (a. l. 1

   Òddimi quannu vòi; si vòi, ora,
mentri cchi tuttu u munnu è contru 'i mia,
cca mè' Sfuttuna allèati, fammi fora
e nun m'arrinnuvari sta gunia.
   Ah, quannu u cori è fora di sta sciacca,
n'annari arretu a nu nimicu sfattu,
nun dari a notti 'i ventu u' gnonnu d'acqua,
ppi ritaddari u dicisu misfattu.
   Si vòi lassàmmi, 'unn aspittari tantu,
quannu àutri peni cci ànnu misu u sòi;
sùbitu veni, così assaggiu quantu,
prima, 'a pèggiu Sfuttuna pò, non poi;
    e chiddu cchi è duluri o c'è parenti,
    cunfrunti a tò' pèddita, 'un è nenti.

(10 lugghiu 2020)

91

   Some glory in their birth, some in their skill,
Some in their wealth, some in their bodies' force,
Some in their garments, though new-fangled ill,
Some in their hawks and hounds, some in their horse;
   And every humour hath his adjunct pleasure,
Wherein it finds a joy above the rest;
But these particulars are not my measure;
All these I better in one general best.
   Thy love is better than high birth to me,
Richer than wealth, prouder than garments' cost,
Of more delight than hawks or horses be;
And having thee, of all men's pride I boast;
   Wretched in this alone, that thou mayst take
   All this away and me most wretched make.

91 (a. l. 2)

   Cu si vanta ppa nàscita, cu è maistru,
cu ppa sò forza, cu ppi ricchi staddi,
cu ppe rrobbi, puru 'i scarsu riggistru,
cu ppi falcuni e cani, o ppi cavaddi.
   Ogni tipu àvi un piaciri adattu
unni cci trova 'a sò megghia gioia;
ma ju ppi sti cosi 'un sugnu fattu:
nni fazzu una assai megghia e senza noia.
   L'amuri tò miegghiu è di jàuta nàscita,
di ogni bbeni e di ogni rrobba cara,
di cavaddi e falcuni, si è in crìscita;
aviennu a tia mi vantu 'i cosa rara.
   Sulu ppi chistu puòzzu stari peggiu:
   ti puòrti tuttu, e riestu senza urmièggiu.

(11 lugghiu 2020)

92

   But do thy worst to steal thyself away,
For term of life thou art assured mine,
And life no longer than thy love will stay,
For it depends upon that love of thine.
   Then need I not to fear the worst of wrongs,
When in the least of them my life hath end.
I see a better state to me belongs
Than that which on thy humour doth depend.
   Thou canst not vex me with inconstant mind,
Since that my life on thy revolt doth lie.
O, what a happy title do I find,
Happy to have thy love, happy to die!
   But what's so blessed-fair that fears no blot?
   Thou mayst be false, and yet I know it not.

92 (a. l. 1)

   Ppi fùiri di mia, fà' i peggiu cosi,
tantu ppa vita a mia tu si' attaccatu,
senza u tò' amuri 'a vita 'unn àvi rosi,
anzi idda è di l'amuri un dirivatu.
   Nun m'aspettu di tia i peggiu totti,
mi nni basta unu nicu ppi muriri;
'a condizzioni mèi resta cchiù fotti
cchi si dipinniria do tò' piaciri.
   Ssa menti crapicciusa m'à stancatu,
cchì 'a vita mèi dipenni do tò' diri.
Oh, cchi filicità àiu truvatu:
filici do tò' amuri, e di muriri!
   Ma, cc'è filicità senza nu 'mpacciu?
   Fossi si' fassu, però jò no sacciu.

(11 lugghiu 2020)

93

So shall I live, supposing thou art true,
Like a deceived husband; so lov's face
May still seem love to me, though alter'd new;
Thy looks with me, thy heart in other place.
  For there can live no hatred in thine eye,
Therefore in that I cannot know thy change.
In many's looks the false heart's history
Is writ in moods and frowns and wrinkles strange;
  But heaven in thy creation did decree
That in thy face sweet love should ever dwell;
What'er thy thoughts or thy heart's workings be,
Thy looks should nothing thence but sweetness tell.
  How like Ev's apple doth thy beauty grow,
  if thy sweet virtue answer not thy show!

93 (a. l. 2)

  Campu pinzannu ca tu si' sinceru:
un maritu 'ngannatu; puòzzu diri
ca amuri è amuri, e 'nveci nun è veru;
ccu mia su' l'uocchi, u cori àvi àutri miri.
  Vistu ca l'uocchi tò òddiu nun ànnu,
da iddi 'un puòzzu vìdiri si muti;
'nta l'uocchi 'i tanti cc'è do cori u 'ngannu,
'nfrunti, 'nte rughi e 'nte sò muodi astuti.
  Ma, faciènnuti, u cielu dicritau
ca amuri 'nta tò facci sempri luci;
qualunqui cosa in menti ti passau,
ca n'ammustrari àutru ca uocchi duci.
  Pumu d'Eva 'a biddizza si pò fari
  si nun tieni virtù quantu nni pari!

(12 lugghiu 2020)

94

They that have power to hurt and will do none,
That do not do the thing they most do show,
Who, moving others, are themselves as stone,
Unmoved, cold, and to temptation slow –
 They rightly do inherit heaven's graces
And husband nature's riches from expense;
They are the lords and owners of their faces,
Others but stewards of their excellence.
 The summer's flower is to the summer sweet,
Though to itself it only live and die,
But if that flow'r with base infection meet,
The basest weed outbraves his dignity;
 For sweetest things turn sourest by their deeds:
 Lilies that fester smell far worse than weeds.

94 (a. l. 1)

Cu pò firìri, ma o' mumentu arretra,
o nun fa 'a cosa cchi cchiù mmustra 'i fari,
cu smovi a jàutri, ma è comu na petra,
femmu, friddu e ccu tentazioni rari,
 giusti ràzii do celu à ereditatu
e i beni di natura nu sciamina;
da facci sòi àvi patrunatu,
mentri àutri sebbi su' 'i sta genti fina.
 Sciuri 'i Stati duci è ppa Stati tutta,
puru si ppi iddu stissu campa e mori;
ma, s'iddu pigghia na 'nfizioni brutta,
i peggiu ebbi divèntunu trisori.
 Fannu amari i cosi duci, i fatti:
 fètunu cchiù cchi ebbazza i gigghi sfatti.

(13 lugghiu 2020)

95

How sweet and lovely dost thou make the shame
Which, like a canker in the fragrant rose,
Doth spot the beauty of thy budding name!
O, in what sweets dost thou thy sins enclose!
   That tongue that tells the story of thy days,
Making lascivious comments on thy sport,
Cannot dispraise, but in a kind of praise,
Naming thy name blesses an ill report.
   O, what a mansion have those vices got
Which for their habitation chose out thee,
Where beauty's veil doth cover every blot,
And all things turn to fair that eyes can see!
    Take heed, dear heart, of this large privilege:
    The hardest knife ill-used doth lose his edge.

95 (a. l. 2)

Cuomu fai duci e amabili 'a vriogna
ca, cuomu vièrmi in rosi sciauriusi,
do tò buon nomu in bocciu fa na fogna!
'Nta cchi ducizza ài i tò piccati chiusi!
   Palori salati à ppa tò cunnutta
lingua ca 'a storia de tò jorna dici;
nun sprezza, anzi loda 'a cosa brutta,
e, a nomu tò, dda storia binidici.
   Oh, cuomu s'accasaru buonu i vizi
ca ppi palazzu si scigghieru a tia,
unni 'a macchia cummuògghiunu i biddizzi
e l'uocchiu bellu fa zuoccu talia!
    Sta attentu, cori miu, a chissa manna;
    cutièddu mali usatu, appuoi, s'azzanna!

(13 lugghiu 2020)

96

    Some say thy fault is youth, some wantonness;
Some say thy grace is youth and gentle sport;
Both grace and faults are loved of more and less;
Thou mak'st faults graces that to thee resort.
    As on the finger of a throned queen
The basest jewel will be well esteem'd,
So are those errors that in thee are seen
To truths translated and for true things deem'd.
    How many lambs might the stern wolf betray,
If like a lamb he could his looks translate!
How many gazers mightst thou lead away,
If thou wouldst use the strength of all thy state!
    But do not so; I love thee in such sort
    As, thou being mine, mine is thy good report.

96 (a. l. 1)

    Cchi è l'età o u piaciri, 'a cuppa tòi,
si dici, e 'a ràzia tòi età e svagu;
piàciunu a tutti ràzia e cuppa, poi;
tu fai ràzi de cuppi cchi ài a latu.
    Comu nno ìritu 'i na riggina in tronu
na perla 'i quattru soddi è vista cara,
così nu sbagghiu tòi stimatu è bonu
picchì è unni tia, anzi è na vittù rara.
    Oh, quanti agneddi u lupu 'nganniria
si putiria vistìrisi d'agneddu!
Cu t'ammira fora strata saria
si usirivi u putiri tòi a traneddu!
    Ma, no fari; in modu tali t' amu
    cchi, sennu mèi, mèi è u tò' nomu sanu.

(14 lugghiu 2020)

97

How like a winter hath my absence been
From thee, the pleasure of the fleeting year!
What freezings have I felt, what dark days seen!
What old December's bareness everywhere!
   And yet this time remov'd was summer's time,
The teeming autumn, big with rich increase,
Bearing the wanton burden of the prime,
Like widow'd wombs after their lords' decease.
   Yet this abundant issue seem'd to me
But hope of orphans and unfather'd fruit;
For summer and his pleasures wait on thee,
And, thou away, the very birds are mute;
   Or, if they sing, 'tis with so dull a cheer
   That leaves look pale, dreading the winter's near.

97 (a. l. 2)

Oh, cuomu Mmiernu 'a luntananza à statu
di tia, piaciri 'i l'annu ca svulazza!
Dicembri viecchiu e nudu d'ogni latu!
Cchi gghiorna scuri e un friddu ca t'ammazza!
   Però stu tiempu jutu 'a Stati era;
l'Autunnu, prenu di ricca sustanza,
parturiva i piaciri 'i Primavera
cuomu ventri duranti 'a viduvanza.
   Ma sta bbunnanzia 'i figghi mi paria
spiranza d'urfanieddi senza patri;
'a Stati e i sò piaciri su' ccu tia,
si nno, su' acieddi muti cuomu in quatri.
   O, si càntunu, su' accussì scantati,
   vicinu è u Mmiernu, e i fogghi gialiniati.

(14 luggliiu 2020)

98

From you have I been absent in the spring,
When proud-pied April, dress'd in all his trim,
Hath put a spirit of youth in every thing,
That heavy Saturn laugh'd and leap'd with him.
   Yet nor the lays of birds nor the sweet smell
Of different flowers in odour and in hue
Could make me any summer's story tell,
Or from their proud lap pluck them where they grew;
   Nor did I wonder at the lily's white,
Nor praise the deep vermilion in the rose;
They were but sweet, but figures of delight,
Drawn after you, you pattern of all those.
   Yet seem'd it winter still, and, you away,
   As with your shadow I with these did play:

98 (a. l. 1)

   Nna Primavera fui 'i vui luntanu,
quannu Aprili, paratu comu un pupu,
ringiuviniu 'i frischizza u munnu sanu:
Satunnu scraccaniava addivittutu.
   Ma, né canti d'aceddi e mancu oduri
d'un ciuri variu ppi culuri e fomma,
di storii 'i Stati mi ficiru canturi
o sciuraru cchi u tagghia unni si fomma.
   Non mi 'ncantai ppo jancu di li gigghi
né lodai u russu vivu di li rosi:
sulu ducizzi su', 'i piaciri figghi,
supa 'i vui fatti, stampu 'i tutti cosi.
   Luntanu vui, parìanu jonna friddi,
    giucai comu cca vostr'umbra ccu iddi.

(15 lugghiu 2020)

99

   The forward violet thus did I chide:
Sweet thief, whence didst thou steal thy sweet that smells,
If not from my love's breath? The purple pride
Which on thy soft cheek for complexion dwells
In my lov's veins thou hast too grossly dy'd.
   The lily I condemned for thy hand,
And buds of marjoram had stol'n thy hair;
The roses fearfully on thorns did stand,
One blushing shame, another white despair;
  A third, nor red nor white, had stol'n of both
And to his robb'ry had annex'd thy breath;
But, for his theft, in pride of all his growth
A vengeful canker eat him up to death.
  More flowers I noted, yet I none could see
  But sweet or colour it had stol'n from thee.

99 (a. l. 2)

   Stu rimpròviru a' prima viola fici:
duci latra, sta ducizza ca odura
veni do sciatu do mò amuri? Dici;
'a pùrpura ca 'a facci ti culura
'a pigghiasti nne vini do mò amuri.
   Cunnannu u gigghiu ca cupiau 'a tò manu,
'a majurana arrubbau de tò capiddi;
rosi scantati su spinusu ramu:
russa una 'i vriogna, àutri janchiddi,
  na terza, sculurita, avia arrubbatu
e a' rrubbatina jungiu a tò sciatata;
ma, ppi chistu, un viermi malu criatu
l'àvi prima ammazzata e appuoi mangiata.
  Visti àutri sciuri, ma, secunnu mia,
  duci o culuri l'arrubbaru a tia.

(15 lugghiu 2020)

100

    Where art thou, Muse, that thou forget'st so long
To speak of that which gives thee all thy might?
Spend'st thou thy fury on some worthless song,
Darkening thy power to lend base subjects light?
    Return, forgetful Muse, and straight redeem
In gentle numbers time so idly spent;
Sing to the ear that doth thy lays esteem
And gives thy pen both skill and argument.
    Rise, resty Muse, my lov's sweet face survey,
If Time have any wrinkle graven there;
If any, be a satire to decay,
And make Time's spoils despised everywhere.
    Give my love fame faster than Time wastes life;
    So thou prevent'st his scythe and crooked knife.

100 (a. l. 1)

    Unni si', Musa, e picchì ti scuddasti
di diri 'i cu ti dugna 'a tò' putenza?
'A furia in canti inutili jttasti
e a cosi vilunazzi dugni addenza?
    Tonna, Musa, e 'a tò' mimoria sana
ccu bboni vessi i tempi mali spisi;
canta all'oricchi cchi i tò' canti ama,
usa 'a tò' pinna ppi paroli 'ntisi.
    Lèviti 'a ruggia 'i 'ncoddu e vadda 'a facci
d''amuri mèi, si u Tempu rughi misi:
si sì, a iddi na satira facci
cchi renni i danni 'i Tempu comu offisi.
    Dacci fama, do Tempu cchiù veloci,
    e femma 'a lama stotta da sò' foci.

(16 lugghiu 2020)

101

O truant Muse, what shall be thy amends
For thy neglect of truth in beauty dyed?
Both truth and beauty on my love depends;
So dost thou too, and therein dignified.
   Make answer, Muse: wilt thou not haply say
'Truth needs no colour, with his colour fix'd;
Beauty no pencil, beauty's truth to lay;
But best is best, if never intermix'd?'
   Because he needs no praise, wilt thou be dumb?
Excuse not silence so; for't lies in thee
To make him much outlive a gilded tomb,
And to be praised of ages yet to be.
   Then do thy office, Muse; I teach thee how
   To make him seem long hence as he shows now.

101 (a. l. 2)

O Musa vili, cuomu vai a pagari
ppa mancanza, 'nto bellu tintu, 'i veru?
Veru e bellu cc'amuri miu àn'a stari;
macari tu: cci guadagni daveru.
   Rispunni, Musa; 'un è ca vuoi diri:
«àvi u sò u veru, 'un voli àutri culuri,
né penna u bellu, pp'u veru culuriri;
u miegghiu è miegghiu, 'un voli àutri misturi»?
   Pirch'iddu 'un voli lodi, 'un vuoi parrari?
Nun ci su' scusi, u sai, dipenni 'i tia
si ottri 'a tomba d'oru iddu à campari
lodatu da lu munnu quannu sia.
   Tu fai chiddu ca à fari, e ju t'insignu
   a dàricci ppi sempri u stissu signu.

(16 lughiu)

102

    My love is strengthen'd, though more weak in seeming;
I love not less, though less the show appear:
That love is merchandized whose rich esteeming
The owner's tongue doth publish everywhere.
    Our love was new and then but in the spring
When I was wont to greet it with my lays,
As Philomel in summer's front doth sing
And stops her pipe in growth of riper days.
    Not that the summer is less pleasant now
Than when her mournful hymns did hush the night,
But that wild music burthens every bough
And sweets grown common lose their dear delight.
    Therefore like her I sometime hold my tongue,
    Because I would not dull you with my song.

102 (a. l. 1)

    Fotti è u mè' amuri, ma debuli pari;
menu nun amu si u dimustru menu.
Dd'amuri cchi cu ll'àvi fa stimari
ppi dillu a tutti, chiddu vali menu.
    Quannu ccu canti jò u salutava
era giùvini amuri, 'i Primavera,
comu Filò cchi nna Stati cantava
cc'un flautu finu a cchi finuta era.
    Non cchi 'a Stati di ora è menu bedda
di quannu u chiantu sòi zittia 'a notti,
ma ogni ramu vanta na ciancinedda
e i ducizzi ppi tutti su' ridotti.
    Pecciò 'a mè' lingua sta muta ogni tantu;
    nun vi vurria stunari cco mè' cantu.

(17 lugghiu 2020)

103

Alack, what poverty my Muse brings forth,
That having such a scope to show her pride,
The argument all bare is of more worth
Than when it hath my added praise beside!
  O, blame me not, if I no more can write!
Look in your glass, and there appears a face
That over-goes my blunt invention quite,
Dulling my lines and doing me disgrace.
  Were it not sinful then, striving to mend,
To mar the subject that before was well?
For to no other pass my verses tend
Than of your graces and your gifts to tell;
    And more, much more, than in my verse can sit
    Your own glass shows you when you look in it.

103 (a. l. 2)

Cchi puvirtà pruduci 'a Musa mia,
cchì, aviennu muodu di fari 'a saputa,
u sò suggiettu nudu à cchiù valia
di quannnu 'a lodi mia àvi jungiuta!
  'Un mi sprizzati, si 'i cchiù scrìviri 'un puozzu!
Taliàti o' specchiu e viditi na facci
ca sùpira di tantu ogni miu sfuorzu
ca sti mìsiri viersi su' disgrazzi.
  Nun è piccatu, allura, 'a migghiuria
ca cunsuma un suggiettu prima buonu?
Pirch'àutri scopi 'unn àvi sta puisia
ca cantari ssi ràzi e ogni duonu;
    cc'è cchiù di quantu 'nti idda cci pò stari
    'nto vostru specchiu si vi jiti a taliari.

(17 lugghiu 2020)

104.

To me, fair friend, you never can be old,
For as you were when first your eye I eyed,
Such seems your beauty still. Three winters cold
Have from the forests shook three summers' pride,
   Three beauteous springs to yellow autumn turn'd
In process of the seasons have I seen,
Three April perfumes in three hot Junes burn'd,
Since first I saw you fresh, which yet are green.
   Ah! yet doth beauty, like a dial-hand,
Steal from his figure and no pace perceiv'd;
So your sweet hue, which methinks still doth stand,
Hath motion and mine eye may be deceiv'd.
   For fear of which, hear this, thou age unbred:
   Ere you were born was beauty's summer dead.

104 (a. l. 1)

   Beddu amicu, ppi mia 'un 'nvecchiati mai,
l'occhi su' comu quannu l'ò aducchiati;
così 'a biddizza. Su' tri Mmenni ommai
cchi scutularu 'i l'àbbiri tri Stati,
   tri beddi Primaveri a giallu Autunnu
giraru cche stasciuni finu a ora,
tri profumati Aprili in càuddu Giugnu
bruciaru; ma vui friscu e viddi ancora.
   Ma, 'a biddizza, o u nasu 'i miridiana,
rrobba àutru postu ma nun è nutatu;
'a vostra facci pari bedda e sana,
ma si movi e l'occhiu mè' è 'ngannatu.
   Pecciò ascuta, èpuca non sotta:
   prima 'i tia, 'a biddizza 'i Stati è motta.

(18 lugghiu 2020)

105

Let not my love be call'd idolatry,
Nor my beloved as an idol show,
Since all alike my songs and praises be
To one, of one, still such, and ever so.
   Kind is my love today, tomorrow kind,
Still constant in a wondrous excellence;
Therefore my verse to constancy confin'd,
One thing expressing, leaves out difference.
   'Fair, kind and tru' is all my argument,
'Fair, kind, and tru' varying to other words,
And in this change is my invention spent,
Three themes in one, which wondrous scope affords.
   'Fair, kind, and true,' have often liv'd alone,
   Which three till now never kept seat in one.

105 (a. l. 2)

   Nun chiamati u mò amuri dolatria,
né s'ammustrassi un diu u mò amatu;
su' tutti i stissi i canti e 'a lodi mia:
ppi unu, di unu, accussì à sempri statu.
   Oggi è gintili 'amuri miu e dumani,
sempri custanti in tutti i sò ccillenzi;
sta puisia è custanti e 'un cangia mani,
dici na cosa e 'un cerca differenzi.
   «Bellu, gintili e veru», e variazioni,
«bellu, gintili e veru» è u mò suggiettu;
'nti stu càngiu si chiudi 'a mò 'ntinzioni,
tri formi 'nti una, è nu spiciali effiettu.
   «Bellu, gintili e veru» sunu stati
   sempri suli, mai assiemi attaccati.

(18 lugghiu 2020)

106

When in the chronicle of wasted time
I see descriptions of the fairest wights,
And beauty making beautiful old rhyme
In praise of ladies dead and lovely knights,
  Then, in the blazon of sweet beauty's best,
Of hand, of foot, of lip, of eye, of brow,
I see their antique pen would have express'd
Even such a beauty as you master now.
  So all their praises are but prophecies
Of this our time, all you prefiguring;
And, for they look'd but with divining eyes,
They had not skill enough your worth to sing;
    For we, which now behold these present days,
    Have eyes to wonder, but lack tongues to praise.

106 (a. l. 1)

  Quannu nne storii di tempi cunsunti
vidu i ritratti da cchiù bedda genti,
e 'a biddizza abbilliri vecchi cunti
di dami motti e cavaleri addenti,
  vidu nne scritti de biddizzi rari,
di mani, labbra, occhi, frunti e pedi,
cchi dd'antichi vulèvunu cantari
dda biddizza di cui vui sìti eredi.
  Ddi lodi, allura, sunnu prufizia
di sti tempi, ccu vui raffiguratu;
ma, vaddannu ccu occhi 'i fantasia,
quantu valiti 'un fu d'iddi cantatu ;
    ccu maravigghia putemu nui vaddari
    sti jonna, ma 'un c'è lingua ppi lodari.

(19 lugghiu 2020)

107

   Not mine own fears, nor the prophetic soul
Of the wide world dreaming on things to come,
Can yet the lease of my true love control,
Supposed as forfeit to a confined doom.
   The mortal moon hath her eclipse endured
And the sad augurs mock their own presage;
Incertainties now crown themselves assured
And peace proclaims olives of endless age.
   Now with the drops of this most balmy time
My love looks fresh, and death to me subscribes,
Since, spite of him, I'll live in this poor rhyme,
While he insults o'er dull and speechless tribes
   And thou in this shalt find thy monument,
   When tyrants' crests and tombs of brass are spent.

107 (a. l. 2)

   Né i mò scanti né anima 'i prufeta
d'un munnu ca s'insonna i cosi 'i duopu
puonu all'amuri miu dàricci meta,
c'avìa pinzatu a un distinu 'i puocu.
   Luna 'i morti à l'ecclissi sò passatu,
prufiti tristi sunu scuncirtati,
di cirtizza l'incertu ora è 'ncrunatu
e 'a paci annunzia alivi nun datati.
   Stu balsàmicu tiempu sgucciulia,
l'amuri è friscu, 'a Morti è addinucchiata
si a sò dispiettu campu 'nta puisia,
e 'a genti muta è d'idda supraniata;
   E tu 'nti chista truovi un munumientu,
   stemmi e tombi 'i tiranni vanu o' vientu.

(19 lugghiu 2020)

108

What's in the brain that ink may character
Which hath not figured to thee my true spirit?
What's new to speak, what new to register,
That may express my love or thy dear merit?
   Nothing, sweet boy; but yet, like prayers divine,
I must, each day say o'er the very same,
Counting no old thing old, thou mine, I thine,
Even as when first I hallow'd thy fair name.
   So that eternal love in love's fresh case
Weighs not the dust and injury of age,
Nor gives to necessary wrinkles place,
But makes antiquity for aye his page,
     Finding the first conceit of love there bred
     Where time and outward form would show it dead.

108 (a. l. 1)

   Cchi cc'è in menti, cchi u 'nchiostru pò signari,
cchi l'amma mia fidili 'un t'à già datu?
Cchi cc'è di diri, cchi di riggistrari
cchi mmustra 'amuri mè' e mmeritu amatu?
   Oh, nenti, beddu; ma ppi litania
mi ripetu ogni gghionnu u stissu cantu
– tu mèi, jò tòi, u vecchiu nu 'nvicchìa –
comu quannu u tò' nomu fici santu.
   Pp'amuri etennu e i sò' fommi vitali
di pùbbiri e di tempu nun cc'è offisa,
nè cc'è postu ppe rughi, etennu mali,
e 'a Vicchiaia comu na sebba è misa,
     cchì 'a prima idea d'amuri era sotta
     unni tempu o apparenza 'a mmustra motta.

(20 lugghiu 2020)

109

O, never say that I was false of heart,
Though absence seem'd my flame to qualify.
As easy might I from myself depart
As from my soul, which in thy breast doth lie:
  That is my home of love: if I have rang'd,
Like him that travels I return again,
Just to the time, not with the time exchang'd,
So that myself bring water for my stain.
  Never believe, though in my nature reign'd
All frailties that besiege all kinds of blood,
That it could so preposterously be stain'd,
To leave for nothing all thy sum of good;
  For nothing this wide universe I call,
  Save thou, my rose; in it thou art my all.

109 (a. l. 2)

Oh, 'un diri mai ca fui farsu di cori
si l'assenza paria stutari 'a braci;
mi nni puòzzu jiri di mia stissu fori,
cuomu 'i l'arma: 'nto piettu tò idda staci,
  unn'è l'amuri miu; luntanu àiu statu,
ma, cuomu un viaggiaturi, sempri tuornu
giustu 'ntiempu, cco tiempu nun cangiatu:
unni àiu na macchia ju l'acqua cci puortu.
  Nun crìdiri ca si 'nta mò natura
rignassi, cuomu in tuttu, dibulizza,
si putissi macchiari ppi sbintura
e, ppi nenti, lassassi 'a tò ricchizza.
  Ju stimu nenti u munnu 'ntieru, a pparti
  tu, rosa: d'iddu si' 'a megghia parti.

(20 lugghiu 2020)

110

Alas, 'tis true I have gone here and there
And made myself a motley to the view,
Gored mine own thoughts, sold cheap what is most dear,
Made old offences of affections new.
  Most true it is that I have look'd on truth
Askance and strangely: but, by all above,
These blenches gave my heart another youth,
And worse essays proved thee my best of love.
  Now all is done, have what shall have no end;
Mine appetite I never more will grind
On newer proof, to try an older friend,
A god in love, to whom I am confin''d.
    Then give me welcome, next my heaven the best,
    Even to thy pure and most most loving breast.

110 (a. l. 1)

  Veru è, àiu giratu 'i ccà e 'i ddà
e ammenzu 'a genti àiu buffuniatu,
pessu pinzeri, svinnutu u caru assà,
e a novi affetti vecchi offisi datu.
  Veru è cchi àiu vaddatu ccu occhi stotti
ppi strana 'a virità; ma, sissignuri,
ddi sbandati mi ficiru cchiù fotti,
e u peggiu vistu ti fa veru amuri.
  Tuttu è finutu; tò è ogni cosa nova:
jò nu stuzzicu cchiù u mè' pitittu
ccu novità, ppi mèttiri a tia in prova,
diu d'amuri a cui mi tegnu strittu.
    Dammi 'a bonvinuta, u megghiu effettu
    dopu u celu, intra u tòi amatu pettu.

(20 lugghiu 2020)

111

O, for my sake do you with Fortune chide,
The guilty goddess of my harmful deeds,
That did not better for my life provide
Than public means which public manners breeds.
  Thence comes it that my name receives a brand,
And almost thence my nature is subdued
To what it works in, like the dyer's hand.
Pity me then and wish I were renew'd;
  Whilst, like a willing patient, I will drink
Potions of eisel 'gainst my strong infection;
No bitterness that I will bitter think,
Nor double penance, to correct correction.
  Pity me then, dear friend, and I assure ye
  Even that your pity is enough to cure me.

111 (a. l. 2)

Pp'amuri miu 'a Furtuna rimpròvira,
ca curpa àvi de mò maligni fatti,
ca pruvidiu ppi mia in manera pòvira:
pubbrici miezzi ppi pubbrici atti.
  Eccu pirchì u nomu miu è bullatu,
e 'a mò natura è quasi suttamisa,
cuomu manu 'i tinturi, o' sò operatu.
Pietà, e disiàtimi na nova 'mprisa,
  mentri, bravu malatu, ju mi vivu
litri d'acitu contra sta 'nfizioni;
nun cc'è grassumi ca mi pari sivu
né pinitenza ppi sta corrizzioni.
  Pietà, amicu caru, e v'assicuru
  ca sulu cca pietà vostra mi curu.

(22 lugghiu 2020)

112

    Your love and pity doth the impression fill
Which vulgar scandal stamp'd upon my brow;
For what care I who calls me well or ill,
So you o'er-green my bad, my good allow?
    You are my all the world, and I must strive
To know my shames and praises from your tongue;
None else to me, nor I to none alive,
That my steel'd sense or changes right or wrong.
    In so profound abysm I throw all care
Of others' voices, that my adder's sense
To critic and to flatterer stopped are.
Mark how with my neglect I do dispense:
      You are so strongly in my purpose bred
      That all the world besides methinks are dead.

112 (a. l. 1)

    Ddu scànnulu cchi 'nfrunti àiu stampatu
ccu amuri e ccu pietà vui cummugghiati;
Cchi è cu beni o mali 'i mia à parratu,
si u mali mèi ammucciati e u beni dati?
    sìti tuttu u mè' munnu, e quantu vali
dicìtimi 'a mè' viggogna o 'a lodi;
stu cori duru mèi in beni o mali
nuddu u càngia, né ppi àutri àiu modi.
    Jò jettu nno sprufunnu ogni attinzioni
di àutri e, comu 'a seppi, àiu gghiusa
l'oricchi a boni o brutti 'nvinzioni.
A' strascuranza mèi dugnu sta scusa:
      sìti unni mia chiantatu tantu fotti
      cchi l'àutri ppi mia sunnu comu motti.

(22 lugghiu 2020)

113

   Since I left you, mine eye is in my mind;
And that which governs me to go about
Doth part his function and is partly blind,
Seems seeing, but effectually is out;
   For it no form delivers to the heart
Of bird, of flow'r, or shape, which it doth latch:
Of his quick objects hath the mind no part,
Nor his own vision holds what it doth catch;
   For if it see the rud'st or gentlest sight,
The most sweet favour or deformed'st creature,
The mountain or the sea, the day or night,
The crow or dove, it shapes them to your feature.
     Incapable of more, replete with you,
     My most true mind thus makes mine eye untrue.

113 (a. l. 2)

   Di quannu vi lassai àiu l'uocchiu in menti;
e zuoccu mi dirigi unn'àiu a ghiri
'mparti funziona e 'mparti 'un vidi nenti,
pari ca sì, ma 'nveci 'un pò vidìri;
   pirch'iddu o' cori forma nun ci manna
d'acieddi o sciuri, di chiddu ca afferra;
'nte sò visioni 'a menti nun cumanna
e nun tratteni mancu zuoccu 'nserra;
   si vidi cosa rustica o gintili,
criaturi fatti beni o ccu difiettu,
munti, mari, jorna, notti e cannili,
cuorvu o palumma, tuttu à u vuostru aspiettu.
     China di vui, 'a menti mia, e nenti àutru,
     sincera è, e renni l'uocchiu fàusu.

(23 lugghiu 2020)

114

   Or whether doth my mind, being crown'd with you,
Drink up the monarch's plague, this flattery?
Or whether shall I say, mine eye saith true,
And that your love taught it this alchemy,
   To make of monsters and things indigest
Such cherubins as your sweet self resemble,
Creating every bad a perfect best,
As fast as objects to his beams assemble?
   O,'tis the first; 'tis flatt'ry in my seeing,
And my great mind most kingly drinks it up.
Mine eye well knows what with his gust is 'greeing,
And to his palate doth prepare the cup.
   If it be poison'd, 'tis the lesser sin
   That mine eye loves it and doth first begin.

114 (a. l. 1)

   Fossi cchi 'a menti mèi, 'i vui 'ncrunata,
si 'mbivi u mali 'i re, chista lusinga?
O fossi 'a vista mèi nunn è 'mpannata
e u vostru amuri cci 'nsignau sta 'nsinga:
   di trasfummari mostri e cosi stinti
in cherubini cchi ànnu u duci 'i vui,
facennu boni tutti i cosi tinti
appena oggetti vannu e' raggi sui?
   È u primu casu; lusinga àvi 'a vista,
e 'a menti mèi s'a 'mbivi e si nni vanta:
l'occhiu mèi sapi u sò' gustu cchi pisca
e ppo palatu sòi dda coppa 'nguanta.
   Si è 'nvilinata, è un piccatu 'i pagghia
   ppi l'occhiu mèi cchi ll'ama e cchi l'assaggia.

(23 lugghiu 2020)

115

    Those lines that I before have writ do lie,
Even those that said I could not love you dearer;
Yet then my judgment knew no reason why
My most full flame should afterwards burn clearer.
    But reckoning time, whose million'd accidents
Creep in 'twixt vows and change decrees of kings,
Tan sacred beauty, blunt the sharp'st intents,
Divert strong minds to the course of altering things –
    Alas, why, fearing of time's tyranny,
Might I not then say 'Now I love you best,'
When I was certain o'er incertainty,
Crowning the present, doubting of the rest?
    Love is a babe; then might I not say so,
    To give full growth to that which still doth grow.

115 (a. l. 2)

    I viersi ca scrivii su' minzognuni
unni dissi ca 'i cchiù 'un vi putia amari;
ma tannu 'a menti 'un canuscia raggiuni
ca i fiammi duopu fùssiru cchiù chiari.
    Ma, vistu u Tiempu ca cche sò 'ncidienti
giuri e dicreti càngia di rignanti,
sconcia 'a biddizza e azzanna forti 'ntienti,
sfascia menti si i cosi vanu avanti,
    pirchì, sapiennu ca u Tiempu è tirannu,
nun dissi tannu «ora tantu vi amu»,
quannu, sicuru supra d'ogni 'ngannu,
putia onurari l'oggi – u riestu è stranu – ?
    Nicu è l'amuri; ma n'u putia diri,
    faciennu ranni zuoccu àvi a crisciri.

(23 lugghiu 2020)

116

Let me not to the marriage of true minds
Admit impediments. Love is not love
Which alters when it alteration finds,
Or bends with the remover to remove.
  O no! it is an ever-fixed mark
That looks on tempests and is never shaken;
It is the star to every wandering bark,
Whose worth's unknown, although his height be taken.
  Lov's not Time's fool, though rosy lips and cheeks
Within his bending sickle's compass come;
Love alters not with his brief hours and weeks,
But bears it out even to the edge of doom.
  If this be error and upon me proved,
  I never writ, nor no man ever loved.

116 (a. l. 1)

O' matrimoniu 'i du ziti sinceri
nenti ostaculi; amuri nunn è amuri
si càngia quannu attrova cangi seri
o cessa si cessa unu de du gnuri;
  È luci femma cchi 'un si pò spustari
e risisti a timpesti e timpurali;
è na stidda ppi ogni bacca a mari
– si sa l'attizza, ma no quantu vali;
  buffuni 'i Tempu 'un è, si labbra e facci
vannu nall'accu da sò' foci stotta;
do Gran Giudizziu arriva nne paraggi
picchì di jonna e misi 'un senti botta.
  Si sbàgghiu e si è sbàgghiu pruvatu,
  mai àiu scrittu, e nuddu à mai amatu.

(24 lugghiu 2020)

117

Accuse me thus: that I have scanted all
Wherein I should your great deserts repay,
Forgot upon your dearest love to call,
Whereto all bonds do tie me day by day;
  That I have frequent been with unknown minds
And given to time your own dear-purchased right
That I have hoisted sail to all the winds
Which should transport me farthest from your sight.
  Book both my wilfulness and errors down
And on just proof surmise accumulate;
Bring me within the level of your frown,
But shoot not at me in your waken'd hate;
    Since my appeal says I did strive to prove
    The constancy and virtue of your love.

117 (a. l. 2)

  Accusàtimi ca picca v'àiu datu
ppi cumpinzari quantu miritati,
vìsiti o' vuostru amuri àiu scurdatu
a cui i mò jorna e i notti su' attaccati;
  ca è ggenti scanusciuta ca friequientu,
e u vuostru dirittu di valuri persi;
ca jisai 'a vila 'i varca a ogni vientu
ppi gghiri 'i vui luntanu in puosti spersi.
  Nutati sbagghi e cosi sbintati
jungiennu a provi zuoccu è pinzatu;
trattàtimi ccu chissi uocchi aggigghiati,
ma nu sparati, ccu òddiu arrisbigghiatu.
    Dici 'a difisa ca vulia pruvari
    custanza e virità do vuostru amari.

(24 lugghiu 2020)

118

Like as, to make our appetites more keen,
With eager compounds we our palate urge,
As, to prevent our maladies unseen,
We sicken to shun sickness when we purge,
   Even so, being full of your ne'er-cloying sweetness,
To bitter sauces did I frame my feeding
And, sick of welfare, found a kind of meetness
To be diseas'd ere that there was true needing.
   Thus policy in love, to anticipate
The ills that were not, grew to faults assured
And brought to medicine a healthful state
Which, rank of goodness, would by ill be cured.
   But thence I learn, and find the lesson true:
   Drugs poison him that so fell sick of you.

118 (a. l. 1)

Comu, ppi u pitittu aumintari,
 spezi vari damu o' nostru palatu,
comu, ppi brutti mali nun pigghiari,
pigghiannu purghi unu è quasi malatu,
   quannu do vostru duci mi saziai
cci misi suchi agrigni nno mangiari,
e, malatu di beni, mi pinzai
di stari mali prima 'i nicissari.
   L'amuri fubbu fu: pp'aviri prima
mali nun veri, ciccau veri mali
e 'a saluti affidau a midicina,
stannu beni, curannusi ccu i mali.
   Ma, sta lezioni vera àiu pigghiatu:
   cu s'ammala di vui è 'nvilinatu.

(25 lugghiu 2020)

119

    What potions have I drunk of Siren tears,
Distill'd from limbecks foul as hell within,
Applying fears to hopes and hopes to fears,
Still losing when I saw myself to win!
    What wretched errors hath my heart committed,
Whilst it hath thought itself so blessed never!
How have mine eyes out of their spheres been fitted
In the distraction of this madding fever!
    O benefit of ill! now I find true
That better is by evil still made better;
And ruin'd love, when it is built anew,
Grows fairer than at first, more strong, far greater.
    So I return rebuk'd to my content,
    And gain by ill thrice more than I have spent.

119 (a. l. 2)

    Cchi misturi di làcrimi 'i Sirini
vippi in lambicchi cuomu o 'nfiernu scuri,
di scanti misti ccu spiranzi chini,
pirdiennu quannu paria vincituri!
    Cchi sbagghi ruossi cumminau u mò cori
pinzannu 'i ssiri cuomu mai filici!
E cuomu mi niscieru l'uocchi 'i fori
tra i scussuni di dda frevi 'nfilici!
    U mali beni fa! e ora truovu
ca u mali renni u miegghiu ancora miegghiu;
l'amuri ruttu quannu è misu a nuovu
cchiù forti 'i prima è, cchiù ranni e bieddu.
    Tuornu abbattutu a zuoccu m'accuntenta:
    spinnii unu ppo mali, e vincii trenta.

(25 lugghiu 2020)

120

That you were once unkind befriends me now,
And for that sorrow which I then did feel
Needs must I under my transgression bow,
Unless my nerves were brass or hammer'd steel.
  For if you were by my unkindness shaken
As I by yours, y've pass'd a hell of time,
And I, a tyrant, have no leisure taken
To weigh how once I suffered in your crime.
  O that our night of woe might have remember'd
My deepest sense, how hard true sorrow hits,
And soon to you, as you to me, then tender'd
The humble salve which wounded bosoms fits!
    But that your trespass now becomes a fee;
    Mine ransoms yours, and yours must ransom me.

120 (a. l. 1)

Ddi vecchi vostri scuttisii su' boni
ora, e u duluri cchi sintii allura
ll'àiu a ccittari ppi mè' trasgrissioni,
vistu cchi i nebbi 'un su' 'i ferru fattura.
  Si, com'a mia, v'affinniu 'a scuttisia,
passàstivu un tempu 'i malasotti,
e jò, tirannu, 'un truvai tempu ppi mia
di pisari cchi foru i vostri totti.
  Oh, si 'a nostra notti 'i duluri aviria
dittu ai sensi cchi è un veru duluri,
e jò v'aviria uffrutu, e vui a mia,
ppe ddu' petti firuti un sanaturi!
    Ma 'a vostra trasgrissioni a 'mpegnu veni:
    riscatta a vostra 'a mèi, nn'àvi 'a mèi beni!

(26 lugghiu 2020)

121

'Tis better to be vile than vile esteem'd,
When not to be receives reproach of being,
And the just pleasure lost which is so deem'd
Not by our feeling but by others' seeing:
  For why should others false adulterate eyes
Give salutation to my sportive blood?
Or on my frailties why are frailer spies,
Which in their wills count bad what I think good?
  No, I am that I am, and they that level
At my abuses reckon up their own.
I may be straight, though they themselves be bevel;
By their rank thoughts my deeds must not be shown,
    Unless this general evil they maintain,
    All men are bad, and in their badness reign.

121 (a. l. 2)

  Malu èssiri miegghiu è ca malu 'ntisu
quannu nun si è, ma giudicati tali,
e, no ppi siensu nuostru ma àutru avvisu,
persu è u giustu piaciri vistu mali.
  Pirchì d'àutri l'uocchiu malignu e fàusu
fa allusioni o' mò sangu amurusu?
Si fazzu cosi buoni 'i tinti è u làusu
sulu pirchì cu spia è cchiù vizziusu?
  Sugnu cu sugnu, e chiddu ca s'adduna
de mali mìi 'nto specchiu si taliassi.
Storta àvi 'a menti, mentri 'a mia è patruna,
e n'avissi ppi mia pinzieri vasci;
    tranni ca stu gran mali metti avanti:
    tutti su' tinti, tinti ma rignanti.

(26 lugghiu 2020)

122

   Thy gift, thy tables, are within my brain
Full character'd with lasting memory,
Which shall above that idle rank remain
Beyond all date, even to eternity;
   Or at the least, so long as brain and heart
Have faculty by nature to subsist,
Till each to raz'd oblivion yield his part
Of thee, thy record never can be miss'd.
   That poor retention could not so much hold,
Nor need I tallies thy dear love to score;
Therefore to give them from me was I bold,
To trust those tables that receive thee more:
     To keep an adjunct to remember thee
     Were to import forgetfulness in me.

122 (a. l. 1)

   Dda libretta, rigalu tòi, nna menti
èni scritta ccu longa mimoria
cchi, datu cchi 'a scrittura è quasi nenti,
dura in etennu, quannu 'un cc'è cchiù storia;
   o, ammenu, finu a quannu cori e menti
vènunu da natura mantinuti,
finu a quannu unn'iddi 'un resta nenti
'i tia, i ricoddi tòi 'un su' pidduti.
   Dda libretta 'un putia tiniri tantu,
né a cuntari u tò' amuri sebbi 'a sticca;
pecciò 'a jttai, e puru mi nni vantu:
ti tegnu in menti, cchi è assai cchiù ricca.
     Tiniri cosa ppi t'arricuddari
     saria comu vulìriti scuddari.

(27 lugghiu 2020)

123

No, Time, thou shalt not boast that I do change!
Thy pyramids built up with newer might
To me are nothing novel, nothing strange;
They are but dressings of a former sight.
  Our dates are brief, and therefore we admire
What thou dost foist upon us that is old,
And rather make them born to our desire
Than think that we before have heard them told.
  Thy registers and thee I both defy,
Not wondering at the present nor the past;
For thy records and what we see doth lie,
Made more or less by thy continual haste.
  This I do vow and this shall ever be:
  I will be true, despite thy scythe and thee.

123 (a. l. 2)

No, Tiempu, ca ju càngiu 'unn avrai vantu!
I tò castieddi di nova putenza
tantu nuovi nun su' né strani tantu:
su' spittaculi visti in pricidenza.
  Su' curti i jorna nuostri, e ammiramu
si vieni e cunti a nui vecchia manfrina,
e 'a ricriamu a sacunnu cchi disiamu
'nveci 'i pinzari ca 'a vìstimu prima.
  A tia e i tò rigistri sfidu, senza
maravigghia ppo ieri o ppi l'antura;
mimoria o vistu 'unn ànu cunsistenza,
ranni o nichi i fai cca tò primura.
  Sincerità vali sempri ppi mia,
  a dispiettu da tò fauci e di tia.

(27 ligghiu 2020)

124

If my dear love were but the child of state,
It might for Fortune's bastard be unfather'd,
As subject to Time's love or to Time's hate,
Weeds among weeds, or flowers with flowers gather'd.
  No, it was builded far from accident;
It suffers not in smiling pomp, nor falls
Under the blow of thralled discontent,
Whereto the inviting time our fashion calls:
  It fears not policy, that heretic,
Which works on leases of short-number'd hours,
But all alone stands hugely politic,
That it nor grows with heat nor drowns with show'rs.
  To this I witness call the fools of time,
  Which die for goodness, who have lived for crime.

124 (a. l. 1)

  Si 'amuri mèi saria figghiu 'i bon statu,
saria figghiu 'i Futtuna e nno 'i signuri,
do Tempu amatu e do Tempu oddiatu,
ebba tra ebba côta, sciuri tra sciuri.
  St'amuri nun nasciu ppi nu 'ncidenti;
nun soffri risu 'i sfrazzu né finisci
sutta i coppi di sebbi scuntenti,
comu na moda d'oggi suggirisci.
  Nun si scanta di 'ntricu ereticali
cchi si sviluppa in picca uri cuntati,
ma sta sulagnu in fomma statuali,
e 'un crisci o mori ppi cauddu o acquati.
  Chiamu i buffuni 'i Tempu a tistimuni:
  mori di santu cu campau dimuni.

(28 lugghiu 2020)

125

Were't aught to me I bore the canopy,
With my extern the outward honouring,
Or laid great bases for eternity,
Which prove more short than waste or ruining?
   Have I not seen dwellers on form and favour
Lose all, and more, by paying too much rent,
For compound sweet forgoing simple savour,
Pitiful thrivers, in their gazing spent?
   No, let me be obsequious in thy heart,
And take thou my oblation, poor but free,
Which is not mix'd with seconds, knows no art,
But mutual render, only me for thee.
     Hence, thou suborn'd informer! A true soul
     When most impeach'd stands least in thy control.

125 (a. l. 2)

A cchi serbi purtari u bardacchinu,
anurannu ccu farsa cosi 'i fora,
o fari basi ppi eternu distinu
ca dura menu di na cannilora?
   Nn'àiu vistu cu sta mmienzu o' sbrinnuri
pèrdiri tuttu, e 'i cchiù, ppi affittu caru,
pèrdiri ppi ddu 'ntrugghi un bon sapuri,
puvrazzi ca ppi ranni si pinzaru?
   L'ossequiu sulu ppo tò cori parti;
tè' stu sordu, è picca ma à virtù,
ca àutri miri 'unn àvi, tranni l'arti
di dari aiutu – sulu ju e tu.
     Vattinni, piezzu 'i spia! 'A ggenti onesta
     cchiù l'accusi e cchiù lìbbira resta.

(29 lugghiu 2020)

126

O thou, my lovely boy, who in thy power
Dost hold Time's fickle glass, his sickle, hour;
Who hast by waning grown, and therein show'st
Thy lovers withering as thy sweet self grow'st;
   If Nature, sovereign mistress over wrack,
As thou goest onwards, still will pluck thee back,
She keeps thee to this purpose, that her skill
May time disgrace and wretched minutes kill.
   Yet fear her, O thou minion of her pleasure!
She may detain, but not still keep, her treasure.
Her audit, though delay'd, answer'd must be,
And her quietus is to render thee.

126 (a. l. 1)

   Amàbili figghiolu, cchi in putiri
raloggiu e foci 'i Tempu sai tiniri,
crisciutu pianu pianu ora esibisci
'a fini de tò amanti e duci crisci;
   si 'a Natura, patruna 'i tutti i peni,
mentri avanzi pp'arretu ti tratteni,
ppi stu scopu ti teni: voli fari
dispettu o' Tempu e i brutti uri ammazzari.
   Ma attentu, o sciatu do piaciri sòi:
teni trisoru, ma 'unn è ppi sempri sòi.
U cuntu prima o dopu va pagatu,
ricivuta à quannu t'à cunsinnatu.

(29 lugghiu 2020)

127-154. The Dark Lady

'A Donna Scura

127

In the old age black was not counted fair,
Or if it were, it bore not beauty's name;
But now is black beauty's successive heir,
And beauty slander'd with a bastard shame:
  For since each hand hath put on nature's power,
Fairing the foul with art's false borrow'd face,
Sweet beauty hath no name, no holy bower,
But is profan'd, if not lives in disgrace.
  Therefore my mistress' brows are raven black,
Her eyes so suited, and they mourners seem
At such who, not born fair, no beauty lack,
Slandering creation with a false esteem.
  Yet so they mourn, becoming of their woe,
  That every tongue says beauty should look so.

127 (a. l. 2)

  Nne tiempi antichi u nìuru nun fu bellu ,
o si ci fu, biddizza 'un fu chiamatu;
oggi è 'i biddizza eredi e modellu,
  biddizza addivintau nomi 'nfamatu:
  natura si fici ogni manu vizza
e 'a facci làdia bedda s'invintau;
nun àvi nomu né artaru 'a biddizza,
e, si 'un cascau in disgrazia, sprufanau.
  L'uocchi da bedda mia, niuri cuorvi,
pàrunu a luttu ppi cu, 'i biddizza priva,
'a facci si fa bedda ccu tri sguorbi,
sparrannu da Natura criativa.
  Puòrtunu u luttu, ma a tanta ràzia usi
  ca ogni lingua i sintènzia ppi raziusi.

(23 lugghiu 2009)

128.

   How oft, when thou, my music, music play'st,
Upon that blessed wood whose motion sounds
With thy sweet fingers, when thou gently sway'st
The wiry concord that mine ear confounds,
   Do I envy those jacks that nimble leap
To kiss the tender inward of thy hand,
Whilst my poor lips, which should that harvest reap,
At the wood's boldness by thee blushing stand!
   To be so tickled, they would change their state
And situation with those dancing chips,
O'er whom thy fingers walk with gentle gait,
Making dead wood more blest than living lips.
    Since saucy jacks so happy are in this,
    Give them thy fingers, me thy lips to kiss.

128 (a. l. 1)

   Quannu, musica mèi, musica soni
su biati ligni ballarini cchi
fannu soni gintili quannu 'ntoni
l'accoddi cchi cunfùnnunu i mè' ricchi,
   mmidìu ddi tasti cchi svelti sautannu
ppi baciari u cavu da tò' manu
mentri i mè' labbra pòviri nenti ànnu
e russi, ppi ddi sfacciati, si fanu.
   Cangirìanu, ppi si fari cattugghiari,
statu e situazioni ccu ddi scheggi attivi
cchi ccu ìrita gintili fai ballari,
ligni motti scangiannu e labbra vivi.
    Ma si ddi tasti fai tantu arricriari,
    ìrita a iddi e a mia labbra a baciari.

(12 ottobbri 2017)

129

The expense of spirit in a waste of shame
Is lust in action; and till action, lust
Is perjur'd, murd'rous, bloody, full of blame,
Savage, extreme, rude, cruel, not to trust,
   Enjoy'd no sooner but despised straight,
Past reason hunted, and no sooner had
Past reason hated, as a swallow'd bait
On purpose laid to make the taker mad;
   Mad in pursuit and in possession so;
Had, having, and in quest to have, extreme;
A bliss in proof, and prov'd, a very woe;
Before, a joy propos'd; behind, a dream.
   All this the world well knows; yet none knows well
   To shun the heaven that leads men to this hell.

129 (a. l. 2)

Spìritu persu ammienzu a gran vriogna
è u viziu praticatu; cosa sana
nun è, ma ranni bbestia e gran carogna,
è gran jarrusu e figghiu di miana;
   appena è praticatu, è disprizzatu;
circatu è assai, però appena avutu,
ppi fari un pazzu di cu ll'à pigghiatu,
udiatu è cuomu si amu àvi agghiuttutu;
   pazzu è cu u cerca e cu ll'à pussidutu,
circallu o avillu signa ranni abbusu,
gioia è propostu, suonnu si è finutu,
sdiliziu è in prova, pruvatu è assai pinusu.
   U munnu chistu u sapi, ma nun sapi
   sviari paradisu ca 'nfiernu rapi.

(14 ottobbri 2017)

130

My mistress' eyes are nothing like the sun;
Coral is far more red than her lips' red;
If snow be white, why then her breasts are dun;
If hairs be wires, black wires grow on her head.
   I have seen roses damask'd, red and white,
But no such roses see I in her cheeks;
And in some perfumes is there more delight
Than in the breath that from my mistress reeks.
   I love to hear her speak, yet well I know
That music hath a far more pleasing sound;
I grant I never saw a goddess go;
My mistress, when she walks, treads on the ground.
     And yet, by heaven, I think my love as rare
     As any she belied with false compare.

130 (a. l. 1)

L'occhi da zita mèi suli nun sunnu;
russu è u curaddu cchiù 'i ddi labbra russi,
janca è 'a nivi, ma i minni grigiu funnu,
'ntesta àvi fili, 'i filu niru flussi.
   Ci su' rosi scriziati , janchi e russi,
ma 'a facci sòi nunn'è tinta rusata,
e ci sunnu prufumi sfizïusi
assai cchiù da sò' bucca quannu sciata.
   'A buci sòi mi piaci, ma ppi mia
cchiù bellu assai 'a musica àvi sonu;
cettu nun àju vistu mai na dia,
ma 'a zita tocca tera e pari un tronu.
     Però, oh diu, 'a me' zita è così rara
     cchi propriu nudda a idda si cumpara.

(15 ottobbri 2017)

131

Thou art as tyrannous, so as thou art,
As those whose beauties proudly make them cruel;
For well thou know'st to my dear doting heart
Thou art the fairest and most precious jewel.
  Yet, in good faith, some say that thee behold
Thy face hath not the power to make love groan:
To say they err I dare not be so bold,
Although I swear it to myself alone.
  And, to be sure that is not false I swear,
A thousand groans, but thinking on thy face,
One on another's neck, do witness bear
Thy black is fairest in my judgment's place.
  In nothing art thou black save in thy deeds,
  And thence this slander, as I think, proceeds.

131 (a. l. 2)

  Cuomu si' fatta, si' accussì tiranna
cuomu su' i bieddi: superbi e crudili;
un cori appassiunatu, sai, 'un cumanna:
si' u cchiù chiaru e priziusu de' munili.
  Però c'è bona genti ca ti vàgghia:
dici ca nun fai ciàngiri d'amuri;
ju 'un pozzu diri ca sta genti sbàgghia,
macari si 'ntra mia fazzu sti giùri.
  Ppi certu giuramenti farsi 'un fici:
milli e un suspiru, si a tò facci pienzu,
unu sull'àutru a tistimuoniu dici
ca è chiaru assai u tò niuru: chistu è u sienzu.
  Ma tu si' niura sulu 'nto tò fari,
  e veni 'i dduocu, pienzu, stu sparrari.

(16 ottobbri 2017)

132

    Thine eyes I love, and they, as pitying me,
Knowing thy heart torments me with disdain,
Have put on black and loving mourners be,
Looking with pretty ruth upon my pain.
    And truly not the morning sun of heaven
Better becomes the grey cheeks of the east,
Nor that full star that ushers in the even
Doth half that glory to the sober west,
    As those two mourning eyes become thy face.
O, let it then as well beseem thy heart
To mourn for me, since mourning doth thee grace,
And suit thy pity like in every part.
    Then will I swear beauty herself is black
    And all they foul that thy complexion lack.

132 (a. l. 1)

    Ppi pitiari a mia ss'occhi d'amuri,
sapennu u cori tò' ccu mia sdignusu,
mìsiru luttu strittu e vesti scuri
vaddannu a pena mèi raziusi.
    E cettu 'ncelu u suli da matina
 tantu bedda 'un fa 'a facci di l'orienti,
né a sira, quannu nesci, 'a stidda china
tanta luci dà o' scuru 'i ll'occidenti,
    quantu ss'occhi picciusi a facci tòi.
E allura dicci o' cori tòi 'i fatti
ppi mia puttari u luttu: 'a ràzia sòi
ti vesti di pietà nni ogni patti.
    Allura giuru cchi u niru è biddizza
    e cchi brutta è cu nun nn'àvi na schizza.

(17 ottobbri 2017)

Beshrew that heart that makes my heart to groan
For that deep wound it gives my friend and me!
Is't not enough to torture me alone,
But slave to slavery my sweet'st friend must be?
  Me from myself thy cruel eye hath taken,
And my next self thou harder hast engrossed:
Of him, myself, and thee, I am forsaken;
A torment thrice threefold thus to be crossed.
  Prison my heart in thy steel bosom's ward,
But then my friend's heart let my poor heart bail;
Whoe'er keeps me, let my heart be his guard;
Thou canst not then use rigor in my jail.
    And yet thou wilt; for I, being pent in thee,
    Perforce am thine, and all that is in me.

133 (a. l. 2)

Malidittu ddu cori ca lamienti
porta e firiti a mia e all'amicu duci.
N'abbasta turturari sulamenti
a mia; ma, schiavu 'amicu miu cunnuci?
  L'uocchiu tò tintu a mia di mia à luvatu;
peggiu, ti 'mpussissasti 'i l'àutru mia;
d'iddu, di mia, di tia sugnu scurdatu:
tri voti tri distrui sta malatia.
  Tieni 'mpiettu u mò cori carzaratu,
riscattu 'i cori 'i ll'amicu a mia lassa ;
si u sò cori o' mò cori èni affidatu
allura 'a priggiunia mi fai cchiù lasca.
    Però: ristannu ju chiusu intra 'i tia,
    ppi forza tò sugnu ju e cu è intra 'i mia.

(17 ottobbri 2017)

134

So, now I have confess'd that he is thine,
And I myself am mortgag'd to thy will,
Myself I'll forfeit, so that other mine
Thou wilt restore, to be my comfort still.
  But thou wilt not, nor he will not be free,
For thou art covetous and he is kind;
He learn'd but surety-like to write for me
Under that bond that him as fast doth bind.
  The statute of thy beauty thou wilt take,
Thou usurer, that put'st forth all to use,
And sue a friend came debtor for my sake;
So him I lose through my unkind abuse.
  Him have I lost; thou hast both him and me;
  He pays the whole, and yet am I not free.

134 (a. l. 1)

  Cunfissannu cchi iddu è cosa tòi
e jò sugnu o' disìu tò' puticatu,
mi fazzu pignu, ma l'àutru, si vòi,
lìbbiru lassa, e restu cunfuttatu.
  Ma tu nun vòi, né libbittà iddu voli:
tu pp'avarìzia, iddu ppi cuttisia;
iddu fimmau un pattu di lazzoli
(chistu è ppi iddu) ppi mia a garanzia.
  'Ntressi 'i biddizza ti vòi tu pigghiari
vistu cchi tutti cosi metti a usura;
ppi mia si ddibbitau, e assicutari
vòi l'amicu cchi peddu ppi stracura.
  Jò pessi a iddu; a iddu e a mia ài 'npugnu;
  tuttu iddu paga, e jò lìbbiru 'un sugnu.

(18 ottobbri 2017)

135

Whoever hath her wish, thou hast thy 'Will,'
And 'Will' to boot, and 'Will' in overplus;
More than enough am I that vex thee still,
To thy sweet will making addition thus.
  Wilt thou, whose will is large and spacious,
Not once vouchsafe to hide my will in thine?
Shall will in others seem right gracious,
And in my will no fair acceptance shine?
  The sea all water, yet receives rain still
And in abundance addeth to his store;
So thou, being rich in 'Will,' add to thy 'Will'
One will of mine, to make thy large 'Will' more.
  Let no unkind, no fair beseechers kill;
  Think all but one, and me in that one 'Will.'

135 (a. l. 2)

Ognuna àvi disìu, e tu ài a Disìu,
un Disìu 'i cchiùi, propriu un Disìu 'i troppu;
sugnu 'i troppu e ccu tia mi sfantasiu
cco tò duci disìu faciennu un gruoppu.
  Disìi, tu cc'ài un disìu accussì ranni,
'nto tò disìu ammucciari chiddu miu?
Ti pari u disìu d'àutri ràzia ranni
e cosa brutta accittari u mò disìu?
  Acqua è u mari, e si chiovi acqua jungi
ca in largu maazzenu è misa in sarbu;
perciò tu, ricca 'i Disìu, o' Disiu jungi
un mò disìu e ti fa u disìu cchiù largu.
  N'affinnìssi un «no» siccu i spasimanti;
  piènsili uno, e 'nti ss'uno Disiu avanti.

(18 ottobbri 2017)

136

If thy soul cheque thee that I come so near,
Swear to thy blind soul that I was thy 'Will,'
And will, thy soul knows, is admitted there;
Thus far for love my love-suit, sweet, fulfil.
  'Will' will fulfil the treasure of thy love,
Ay, fill it full with wills, and my will one.
In things of great receipt with ease we prove
Among a number one is reckon'd none.
  Then in the number let me pass untold,
Though in thy stores' account I one must be;
For nothing hold me, so it please thee hold
That nothing me, a something sweet to thee.
    Make but my name thy love, and love that still,
    And then thou lovest me, for my name is 'Will.'

136 (a. l. 1)

Ti frena l'amma tòi, cchì sugnu 'ncuttu?
Obba è; giùracci cchi jò era tò' Disiu;
'ntra idda u disìu, u sapi, ci va tuttu,
pp'amuri sàzia u duci 'ncuttu miu.
  Disiu sazia u trisoru do tò' amuri
e u inchi di disii e disiu miu.
'Nte ranni ingressi, semu sapituri,
tràsunu tutti e unu 'un fa piupìu.
  E pìgghiami nno nnùmmiru non vistu;
ma nno tò' magazzinu unu sugnu.
Pènsimi un nenti, ma ddu nenti, 'nsistu,
cosa duci è ppi tia picchì jò sugnu.
    Àmulu ancora, e sulu u nomu miu;
    ami a mia, allura: u nomu miu è Disiu.

(19 ottobbri 2017)

137

Thou blind fool, Love, what dost thou to mine eyes,
That they behold, and see not what they see?
They know what beauty is, see where it lies,
Yet what the best is take the worst to be.
  If eyes corrupt by over-partial looks
Be anchor'd in the bay where all men ride,
Why of eyes' falsehood hast thou forged hooks,
Whereto the judgment of my heart is tied?
  Why should my heart think that a several plot
Which my heart knows the wide world's common place?
Or mine eyes seeing this, say this is not,
To put fair truth upon so foul a face?
    In things right true my heart and eyes have erred,
    And to this false plague are they now transferr'd.

137 (a. l. 2)

Cchi fai o' mò uocchiu, o Amuri uorbu e pazzu,
ca uarda e 'un vidi chiddu ca iddu vidi?
Sapi cchi ggh'jè 'a biddizza e unn'àvi u jazzu,
ma propriu u miègghiu iddu peggiu cridi.
  Si, currumputu de farsi taliati,
misi àncura uni tutti a' funna stanu,
pirchì fai crocca, si iddi su' farsiati,
unni è 'mpigghiatu u cori miu all'amu?
  Pirchì u mò cori cridi ortu privatu
puostu ca apiertu a tuttu u munnu sapi?
O l'uocchiu vidi e dici «si' sbagghiatu!»,
ppi fari facci onesti i mascarati?
    Cc''a virità uocchiu e cori si sbagghiaru
    e supra 'a mala strata la spustaru.

(19 ottobbri 2017)

138

When my love swears that she is made of truth
I do believe her, though I know she lies,
That she might think me some untutor'd youth,
Unlearned in the world's false subtleties.
  Thus vainly thinking that she thinks me young,
Although she knows my days are past the best,
Simply I credit her false speaking tongue;
On both sides thus is simple truth suppress'd.
  But wherefore says she not she is unjust?
And wherefore say not I that I am old?
O, love's best habit is in seeming trust,
And age in love loves not to have years told.
  Therefore I lie with her and she with me,
  And in our faults by lies we flatter'd be.

138 (a. l. 1)

  Quannu l'amata mia giura cchi è onesta
'a cridu, però sacciu cchi è minzogna;
così penza cchi sugnu ingenua testa
e 'un sacciu quantu chistu munnu è fogna.
  E fingennu cchi giùvini mi penza,
puru si u tempu bellu sapi annatu,
a' lingua fassa sòi dugnu cridenza:
e u veru da nui ddui è scancillatu.
  Ma picchì idda 'un dici cchi è disonesta
e jò nun dicu cchi vecchiu mi fici?
Fassa fiducia è d'amuri 'a vesta,
e a un vecchiu amanti l'età sòi 'un si dici.
  Minzogni jò dicu a idda e idda a mia,
  nni lusingamu a tunnu, e così sia.

(19 ottobbri 2017)

O, call not me to justify the wrong
That thy unkindness lays upon my heart;
Wound me not with thine eye but with thy tongue;
Use power with power and slay me not by art.
  Tell me thou lov'st elsewhere, but in my sight,
Dear heart, forbear to glance thine eye aside:
What need'st thou wound with cunning when thy might
Is more than my o'er-press'd defense can bide?
  Let me excuse thee: ah! my love well knows
Her pretty looks have been mine enemies,
And therefore from my face she turns my foes,
That they elsewhere might dart their injuries.
    Yet do not so; but since I am near slain,
    Kill me outright with looks and rid my pain.

139 (a. l. 2)

  Oh, nun mi fari scasciuniari i tuorti
ca fa 'a tò tinturìa supra u mò cori;
ccu l'uocchi no, cca lingua dammi 'a morti,
forza a forza, no 'nganni ppi cu mori.
  Dimmi c'amuri tò 'un è cca; ma ccu mia,
cori, nun taliari di ccà e di ddà;
Cchi cci ài bisuognu 'i 'nganni, si ccu mia
fai cchiù forza ca 'a mò difisa fa?
  Ti scusu: «oh, l'amuri miu sapìa
ca i sò taliati èrunu nimici;
perciò li sposta di la facci mia
e sfreccia supra ad àutri i malifici».
    Però n'u fari; sugnu quasi muortu,
    spara ccu l'uocchi e leva stu scunfuortu.

(19 ottobbri 2017)

140

Be wise as thou art cruel; do not press
My tongue-tied patience with too much disdain;
Lest sorrow lend me words and words express
The manner of my pity-wanting pain.
  If I might teach thee wit, better it were,
Though not to love, yet, love, to tell me so;
As testy sick men, when their deaths be near,
No news but health from their physicians know;
  For if I should despair, I should grow mad,
And in my madness might speak ill of thee.
Now this ill-wresting world is grown so bad,
Mad slanderers by mad ears believed be.
  That I may not be so, nor thou belied,
    Bear thine eyes straight, though thy proud heart go wide.

140 (a. l. 1)

  Saggia quantu crudili; nun prissari
ccu troppu sdignu 'a mè' lingua attaccata,
o u duluri dà paroli a dichiarari
tutta 'a mancanza di pietà piniata.
  Megghiu sarìa, si t'u pozzu 'nsignari,
diri cchi m'ami puru si 'un è veru:
di boni avvisi i medici 'un su' avari
cchi malati vicini o' cimiteru.
  Picchì, si mi disperu, nesciu pàcciu:
ti sparra un pàcciu da paccìa in putiri.
Stu munnu ddivintau accussì màcciu
cchi pàccia oricchi cridi a pàcciu diri.
  Cchi jò nun sia così né tu sparrata,
    addizza l'occhi, cchì u cori t'à sviata.

(20 ottobbri 2017)

In faith, I do not love thee with mine eyes,
For they in thee a thousand errors note;
But 'tis my heart that loves what they despise,
Who in despite of view is pleased to dote;
  Nor are mine ears with thy tongue's tune delighted,
Nor tender feeling, to base touches prone,
Nor taste, nor smell, desire to be invited
To any sensual feast with thee alone;
  But my five wits nor my five senses can
Dissuade one foolish heart from serving thee,
Who leaves unsway'd the likeness of a man,
Thy proud heart's slave and vassal wretch to be.
   Only my plague thus far I count my gain,
   That she that makes me sin awards me pain.

141 (a. l. 2)

  Veru è, nun è ccu l'uocchiu ca si' amata:
iddu nni tia milli difietti vidi;
u cori ama 'a cosa disprizzata:
'a vidi, ma ppi idda iddu stravidi.
  'Aricchi 'un sù' da vuci tò 'ncantati,
né u tattu miu ti voli maniari,
gustu e oduri 'un vuonu essiri 'nvitati
ccu tia sula a na festa e tuttu fari.
  Siensi e 'ntellettu 'un sanu cumannari
stu cori sciamunitu a 'un ssiri serbu:
voli sta forma d'uomu trascurari,
schiavu e serbu è do cori tò superbu .
   Sulu 'a mò chiàia è ppi mia uadagnu:
   cu piccari mi fa m'assigna u lagnu.

(21 ottobbri 2017)

142

Love is my sin and thy dear virtue hate,
Hate of my sin, grounded on sinful loving:
O, but with mine compare thou thine own state,
And thou shalt find it merits not reproving;
  Or, if it do, not from those lips of thine,
That have profan'd their scarlet ornaments
And seal'd false bonds of love as oft as mine,
Robb'd others' beds' revenues of their rents.
  Be it lawful I love thee, as thou lovest those
Whom thine eyes woo as mine importune thee.
Root pity in thy heart, that when it grows
Thy pity may deserve to pitied be.
  If thou dost seek to have what thou dost hide,
  By self-example mayst thou be denied!

142 (a. l. 1)

L'amuri è u mè' piccatu, tòi virtù l'òddiu
cchi ài ppi st'amurusu mè' piccatu.
Si paraguni u tòi cco statu miu
'u rimpròviru nun è miritatu.
  E si è, non da i labbra tòi cchi ànnu
fattu a tanti signi russi viulenza,
 comu i mèi fattu giuramenti a 'ngannu,
rubbatu ad autri letti 'a ricumpenza.
  Sia lècitu ppi mia amari a tia
ccu occhi 'nsistenti, comu fannu i tòi.
Chianta pietà nno cori tòi ppi mia:
si crisci, pietà sarà pitiata appoi.
  Si tu vòi aviri chiddu cchi 'un ài datu,
  ppi esempiu tòi, a tia sarà nigatu!

(21 ottobbri 2017)

143

Lo! as a careful housewife runs to catch
One of her feather'd creatures broke away,
Sets down her babe and makes an swift dispatch
In pursuit of the thing she would have stay,
  Whilst her neglected child holds her in chase,
Cries to catch her whose busy care is bent
To follow that which flies before her face,
Not prizing her poor infant's discontent;
  So runn'st thou after that which flies from thee,
Whilst I thy babe chase thee afar behind;
But if thou catch thy hope, turn back to me,
And play the mother's part, kiss me, be kind.
  So will I pray that thou mayst have thy 'Will,'
  If thou turn back, and my loud crying still.

143 (a. l. 2)

  Cuomu attenta patruna curri arrieri
o' miegghiu puddicinu ca à scappatu,
posa 'a carusa, e jisa tacchi e peri
appriessu a chiddu ca voli acchiappatu,
  mentri 'a figghia lassata curri e curri
pp'arrivalla, ma idda è tutta china
a assicutari a chiddu furri-furri
senza pinzari a figghia cianciulina,
  ccussì tu curri a cu ti scappa arrieri
mentr'ju, tò figghiu, vièngu a la rinfusa;
ma si tu acchiappi a chiddu ca spieri,
torna, vàsimi e fai 'a matri amurusa.
  Prièiu, allura, ca tu avissi u tò Disiu,
  si tuorni arrieri e carmi u chiantu miu.

(22 ottobbri 2017)

144

Two loves I have of comfort and despair,
Which like two spirits do suggest me still:
The better angel is a man right fair,
The worser spirit a woman colour'd ill.
　To win me soon to hell, my female evil
Tempteth my better angel from my side,
And would corrupt my saint to be a devil,
Wooing his purity with her foul pride.
　And whether that my angel be turn'd fiend
Suspect I may, but not directly tell;
But being both from me, both to each friend,
I guess one angel in another's hell.
　　Yet this shall I ne'er know, but live in doubt,
　　Till my bad angel fire my good one out.

144 (a. l. 1)

　Ppi confottu e afflizioni, àiu ddu amuri,
spìriti cunsigghièri d'ogni gghionnu:
u peggiu è fìmmina 'i bruttu culuri,
l'àngilu megghiu è 'n'omu beddu e bionnu.
　Ppi mannàrimi rittu o' 'nfennu, u peggiu
u ciancu do mègghiu àngilu mi spogghia,
un diavulu facennu di lu megghiu
santu e cchiù puru ccu schifusa vogghia.
　Si l'àngilu dimoniu divintau
àiu suspettu, cittizza nun dicu;
l'unu 'nto 'nfennu 'i ll'àutra si 'ntanau:
luntani 'i mia è l'unu all'àutru amicu.
　　No sacciu; dubbiusu èni u mè' statu
　　finu a cchi u bbonu do tintu è stanatu.

(22 ottobbri 2017)

145

   Those lips that Love's own hand did make
Breathed forth the sound that said 'I hate'
To me that languish'd for her sake;
But when she saw my woeful state,
   Straight in her heart did mercy come,
Chiding that tongue that ever sweet
Was us'd in giving gentle doom,
And taught it thus anew to greet:
   'I hate' she alter'd with an end,
That follow'd it as gentle day
Doth follow night, who like a fiend
From heaven to hell is flown away;
   'I hate' from hate away she threw,
And saved my life, saying 'not you.'

145 (a. l. 2)

   Ddi labbra ca 'Amuri àva criatu,
rispirannu, «ju òddiu» ànu cantatu
a mia ca ppi idda tantu àiu piniatu;
ma appena visti u mò pòviru statu
   pietà sùbitu 'ncori cci scinniu,
rimprovirau dda lingua d'unni, o spissu
gintili, duci cunnanna si sintiu,
e ora cci 'nsignau a diri chissu:
   «Ju òddiu», però cci cangiau u finali
cuomu bedda jurnata 'nta stu munnu
segui 'a notti ca è un diavulu ccu l'ali
ca do cielu è jittatu 'nto sprufunnu.
   «Ju òddiu» u riscattau: «ma no a tia»
diciennu, e sarbau 'a vita mia.

(23 ottobbri 2017)

146

    Poor soul, the centre of my sinful earth,
[ ] these rebel pow'rs that thee array;
Why dost thou pine within and suffer dearth,
Painting thy outward walls so costly gay?
    Why so large cost, having so short a lease,
Dost thou upon thy fading mansion spend?
Shall worms, inheritors of this excess,
Eat up thy charge? Is this thy body's end?
    Then soul, live thou upon thy servant's loss,
And let that pine to aggravate thy store;
Buy terms divine in selling hours of dross;
Within be fed, without be rich no more.
    So shalt thou feed on Death, that feeds on men,
    And Death once dead, there's no more dying then.

146 (a. l. 1)

    Ammuzza, centru da mè' tera 'nfami
[...] di sti forzi ribelli vistuti,
picchì si' intra piniata e soffri 'a fami
ma i muri 'i fora cari su' tingiuti?
    E ssu gran prezzu, ppi pocu pussessu,
vòi spènniri ppi casa misa mali?
E i vemmi, eredi 'i tuttu chistu eccessu,
màngiunu 'a spisa? Chistu è u tò' finali?
    Campa, amma, 'i chiddu cchi u tò' sebbu pessi:
si à peni, u tò' guadagnu crisci ancora;
'ccatta uri santi e vinni i tempi fessi;
stai sazia d'intra, mai cchiù rricca 'i fora.
    Mangia 'a Motti cchi l'omini si mangia;
    motta 'a Motti, finisci u càngia e scàngia.

(23 ottobbri 2017)

147

My love is as a fever, longing still
For that which longer nurseth the disease,
Feeding on that which doth preserve the ill,
Th'uncertain sickly appetite to please.
  My reason, the physician to my love,
Angry that his prescriptions are not kept,
Hath left me, and I desperate now approve
Desire is death, which physic did except.
  Past cure I am, now reason is past care,
And frantic mad with evermore unrest.
My thoughts and my discourse as madmen's are,
At random from the truth vainly express'd;
    For I have sworn thee fair, and thought thee bright,
    Who art as black as hell, as dark as night.

147 (a. l. 1)

L'amuri mèi è frevi e voli cosi
cchi 'a malatia sòi fannu crisciri,
màngia ppi stari mali, a fotti dosi,
pitittu di malatu a cumpiacìri.
  'A raggiuni, dutturi do mè' amuri,
biliata ca u rimeddiu 'un è pigghiatu,
pattìu; spranzatu, sugnu sapituri
ca u disìu è Motti, da scenza vietatu.
  Raggiuni 'un cura, 'un c'è cchiù nenti 'i fari,
sta smania crisci e crisci sta paccìa,
di pàcciu su i pinzeri e u mè' parrari,
a casu, 'a virità nunn'è ppi mia.
    Mentri ti pinzai chiara e giurai pura,
    nira si' com'u 'nfennu e 'a notti scura.

(22-23 austu 2008)

148

O me, what eyes hath Love put in my head,
Which have no correspondence with true sight!
Or, if they have, where is my judgment fled,
That censures falsely what they see aright?
  If that be fair whereon my false eyes dote,
What means the world to say it is not so?
If it be not, then love doth well denote
Love's eye is not so true as all men's, 'No.'
  How can it? O, how can Love's eye be true,
That is so vex'd with watching and with tears?
No marvel then, though I mistake my view;
The sun itself sees not till heaven clears.
  O cunning Love! with tears thou keep'st me blind,
  Lest eyes well-seeing thy foul faults should find.

148 (a. l. 2)

Oh, Amuri cchi uocchi m'àva misu 'ntesta
ca 'un currispùnnunu ccu vista vera!
Si sì, unni 'a mò testa vulau lesta
ca chiama farsa na vista sincera?
  Si l'uocchi farsi mì nni su' smanianti
pirchì dda cosa a tutti bedda 'un pari?
Si 'un è, Amuri à ssiri dichiaranti
ca l'uocchiu sò, cuom'autri, pò sbagghiari.
  L'uocchiu d'Amuri pò vidiri chiaru
si o spissu làcrimi àvi e suonnu 'un pìgghia?
U suli 'un vidi, si u cielu 'un è chiaru:
si ju mi sbagghiu, quali maravigghia?
  Amuri furbu! làcrimi cci mietti:
  si vìdunu, truòvunu i tò difietti.

(25 ottobbri 2017)

149

Canst thou, O cruel! say I love thee not,
When I against myself with thee partake?
Do I not think on thee, when I forgot
Am of myself, all tyrant, for thy sake?
  Who hateth thee that I do call my friend?
On whom frown'st thou that I do fawn upon?
Nay, if thou lour'st on me, do I not spend
Revenge upon myself with present moan?
  What merit do I in myself respect,
That is so proud thy service to despise,
When all my best doth worship thy defect,
Commanded by the motion of thine eyes?
    But, love, hate on, for now I know thy mind;
    Those that can see thou lovest, and I am blind.

149 (a. l. 1)

Crudili, dici cchi amuri 'un ti pottu
mentri pigghiu i tò' patti contra 'i mia?
Nun penzu fossi a tia quannu mi scoddu
'i mia, pp'amuri tòi, o tirannia?
  Cu oddia a tia, u chiamu fossi amicu?
Cu vaddi mali, è di mia lusingatu?
Si ti siddìi ccu mia, «minnitta» 'un dicu
«prestu contra di mia nniricatu»?
  Cchi mmèritu mi renni supibbiusu
ppi nigàriti i mè' subbizzi ranni,
mentri i difetti tòi amu a ogni usu
e ccu nu giru d'occhi mi cumanni?
    Ma, amuri, oddia puru, u sacciu, cridi:
    ami a cu vidi bonu, e no a cu 'un vidi.

(25 ottobbri 2017)

150

O, from what power hast thou this powerful might
With insufficiency my heart to sway?
To make me give the lie to my true sight,
And swear that brightness doth not grace the day?
   Whence hast thou this becoming of things ill,
That in the very refuse of thy deeds
There is such strength and warrantize of skill
That, in my mind, thy worst all best exceeds?
   Who taught thee how to make me love thee more
The more I hear and see just cause of hate?
O, though I love what others do abhor,
With others thou shouldst not abhor my state.
   If thy unworthiness raised love in me,
   More worthy I to be beloved of thee.

150 (a. l. 2)

Cchi forza duna a tia forza e putiri
ca patrunìi ccu sbagghi u cori miu,
c'àiu vista minzignara mi fai diri,
ca nun è bieddu u juornu ca chiariu?
   Cuomu fai bellu u bruttu addivintari
e macari 'nte cosi ca fai pèggiu
ài tanta forza e abilità 'nto fari
ca u pèggiu 'ntesta mia sùpira u miegghiu?
   Cu t'insignau a farti amari 'i cchiùi
quantu cchiù vidu e sientu cosi di òddiu?
Oh, si amu chiddu ca fa schifu e' cchiùi,
schifu 'un v'avissi a fari u statu miu.
   Pirchì digna nun si' nascìu u mò amuri;
   sugnu dignu perciò ca tu m'aduri.

(25 ottobbri 2017)

151

    Love is too young to know what conscience is;
Yet who knows not conscience is born of love?
Then, gentle cheater, urge not my amiss,
Lest guilty of my faults thy sweet self prove:
    For, thou betraying me, I do betray
My nobler part to my gross body's treason;
My soul doth tell my body that he may
Triumph in love; flesh stays no father reason,
    But, rising at thy name, doth point out thee
As his triumphant prize. Proud of this pride,
He is contented thy poor drudge to be,
To stand in thy affairs, fall by thy side.
    No want of conscience hold it that I call
    Her 'love' for whose dear love I rise and fall.

151 (a. l. 1)

    Figghiolu è Amuri e 'un sa cchi è 'a coscïenza;
ma, cu 'un sa cchi da coscïenza nasci amuri?
pecciò, cara fassera, 'un fammi uggenza
o u duci 'i tia è causa de mè' erruri.
    Si mi tradisci, tradìsciu 'a patti mèi
cchiù bedda ppa 'a patti mèi vuggari.
O' coppu pò annunziari l'amma mèi
triunfi; 'a canni àutru 'un sa aspittari,
    ma, si jisa o' nomu tòi, supa 'i tia punta
comu gran premiu. È, in triunfanti statu,
cuntenta 'i fassi 'a schiava tutta unta,
di tràsiri 'nto tòi e cadìri a llatu.
    Mancanza 'un è 'i coscïenza si «amuri»
    'a chiamu: mi jisu e cadu ppo sò' amuri.

(26 ottobbri 2017)

152

In loving thee thou know'st I am forsworn,
But thou art twice forsworn, to me love swearing,
In act thy bed-vow broke and new faith torn,
In vowing new hate after new love bearing.
   But why of two oaths' breach do I accuse thee,
When I break twenty? I am perjur'd most;
For all my vows are oaths but to misuse thee
And all my honest faith in thee is lost,
   For I have sworn deep oaths of thy deep kindness,
Oaths of thy love, thy truth, thy constancy,
And, to enlighten thee, gave eyes to blindness,
Or made them swear against the thing they see;
   For I have sworn thee fair – more perjured eye,
   To swear against the truth so foul a lie!

152 (a. l. 2)

Si t'amu, u sai, sugnu spirgiuru tuttu;
ma tu du' voti, si amuri mi giuri;
cche fatti fidi e ancora fidi ài ruttu,
òddiu nuovu giurannu a nuovu amuri.
   Pirchì du' voti t'accusu 'i ruttura?
Nni ruppi ju vinti: sugnu spirgiuru 'i chiù.
Giurai sempri cangiànnuti fiura,
'a fidi mia 'nti tia pirduta fu.
   Gran bontà ccu gran giuri ti giurai
supra i tò amuri, onestà e custanza;
ppi darti luci l'uocchi m'annurbai,
giuraru u farsu contra ogni spittanza.
   Ti giurai chiara, e l'uocchiu fu farsieru:
   giurau na gran minzogna contra u veru .

(27 ottobbri 2017)

153

Cupid laid by his brand, and fell asleep:
A maid of Dian's this advantage found,
And his love-kindling fire did quickly steep
In a cold valley-fountain of that ground;
   Which borrow'd from this holy fire of Love
A dateless lively heat, still to endure,
And grew a seething bath, which yet men prove
Against strange maladies a sovereign cure.
   But at my mistress' eye Love's brand new-fired,
The boy for trial needs would touch my breast;
I, sick withal, the help of bath desired,
And thither hied, a sad distemper'd guest,
    But found no cure: the bath for my help lies
    Where Cupid got new fire–my mistress' eyes.

153 (a. l. 1)

Pusata 'a toccia, 'nsonnu cascau Piddu.
Nn'apprufittau na ninfa di Diana
e sùbitu calau u focu d'iddu
intra na vaddi ccu fridda funtana:
   chista pigghiau da stu focu d'amuri
vivu caluri ca nn'etennu dura
e divintau nu bagnu di bulluri,
ppi malatii strani na gran cura.
   Ma, all'occhi da me' bedda rinfucata,
'a toccia prova Piddu su u mè' pettu;
pecciò, malatu, add'acqua disiata
cùssi pp'aiutu, scantatizzu e 'nfettu.
    Nun truvai cura; u veru bagnu è ddocu:
    nn'occhi da bedda mia, di Piddu focu.

(28 ottobbri 2017)

154

The little Love-god lying once asleep
Laid by his side his heart-inflaming brand,
Whilst many nymphs that vow'd chaste life to keep
Came tripping by; but in her maiden hand
  The fairest votary took up that fire
Which many legions of true hearts had warm'd;
And so the general of hot desire
Was sleeping by a virgin hand disarm'd.
  This brand she quenched in a cool well by,
Which from Love's fire took heat perpetual,
Growing a bath and healthful remedy
For men diseased; but I, my mistress' thrall,
   Came there for cure, and this by that I prove,
   Love's fire heats water, water cools not love.

154 (a. l. 2)

Durmiennu, u diu d'Amuri avìa pusatu
a llatu 'a torcia 'nfiamma-cori; e tanti
ninfi di vita santa e santu statu
vìnniru a ballu; ma 'nte manu santi
  misi 'a cchiù bedda ddu fuocu brucenti
ca eserciti di cori avìa quadiatu:
fu, 'nsuonnu, u Capu 'i disideri ardenti
da manu virginedda disarmatu.
  Sta torcia idda astutau 'nta n'orna fridda
ca eternu càudu da fuocu d'Amuri
àppi, e bagnu e salutiva acqua idda
fu ppi malati. Ju, schiavu d'amuri,
   cci jìi ppi cura, ma 'Amuri, puozzu diri,
   quadìa l'acqua ma 'un si fa arrifriddìri.

(29 ottobbri 2017)

Nota di edizione

Questo libro

Questa traduzione non è soltanto un capriccio intellettuale ma la testimonianza di una civiltà in parte scomparsa e in parte ancora viva che nella lingua aveva ed ha la propria consistenza. È, inoltre, la testimonianza che mondi lontani nella sostanza, nel tempo e nello spazio possono incontrarsi e convivere se rivissuti con umiltà e amore.

L'autore

Prospero Trigona ha insegnato lingua e letteratura inglese presso la Facoltà di Lettere e Filosofia dell'Università di Cassino e lingua e traduzione inglese presso la Facoltà di Scienze Politiche dell'Università di Roma "La Sapienza". Ha scritto su W. Shakespeare, J. Milton, J. Swift, J. Conrad, T. S. Eliot; si è occupato di letteratura africana in lingua inglese, scrivendo su C. Achebe, Ngugi wa Thiong'o, J. Munonye, e di letteratura canadese in lingua inglese, scrivendo su M. Laurence. Ha scritto su Dante e Francisco de Quevedo, ha lavorato su testi storico-politico-diplomatici, e ha pubblicato una raccolta di riflessioni in *De Veritate* oltre a varie raccolte di versi e a tre raccolte di racconti brevi.

In dialetto siciliano ha prodotto alcune composizioni (liriche, ballate) su vari temi contenute in sue raccolte di versi edite o ancora inedite.

Le edizioni ZeroBook

Le edizioni ZeroBook nascono nel 2003 a fianco delle attività di www.girodivite.it. Il claim è: "un'altra editoria è possibile". ZeroBook è una piccola casa editrice attiva soprattutto (ma non solo) nel campo dell'editoriale digitale e nella libera circolazione dei saperi e delle conoscenze.

Quanti sono interessati, possono contattarci via email: zerobook@girodivite.it

O visitare le pagine su: https://www.girodivite.it/-ZeroBook-.html

Ultimi volumi:

Edifici di città: Roma 2020-2021 / Pierluigi Moretti

Orientale Sicula : Proebbido entrari ed altri racconti / di Alfio Moncada

Perduti luoghi ritrovati : Poggioreale Antica / di Roberta Giuffrida

Raccolta di pensieri / di Adele Fossati (poesie)

Enne / Piero Buscemi

Cortale, borgo di Calabria / di Pasquale Riga

Delitto a Nova Milanese : venticinque righe nelle "brevi" / Adriano Todaro

Abbiamo una Costituzione : Ideologie, partiti e coscienza democratica costituzionale / Gaetano Sgalambro

Emma Swan e l'eredità di Adele Filò / di Simona Urso

Otello Marilli / di Ferdinando Leonzio

Autobianchi : vita e morte di una fabbrica / di Adriano Todaro

prefazione di Diego Novelli

Sei parole sui fumetti / di Ferdinando Leonzio

Sotto perlaceo cielo : mito e memoria nell'opera di Francesco Pennisi / di Luca Boggio

Accanto ad un bicchiere di vino : antologia della poesia da Li Po a Rino Gaetano / a cura di Piero Buscemi

Il cronoWeb / a cura di Sergio Failla

L'isola dei cani / di Piero Buscemi

www.ingramcontent.com/pod-product-compliance
Lightning Source LLC
Chambersburg PA
CBHW020803160426
43192CB00006B/421